150개의 코딩 과제로 배운다

파이썬 챌린지

Python by Example

Learning to Program in 150 Challenges

Jpub 제이펍

150개의 코딩 과제로 배운다

파이썬 챌린지

Python by Example: Learning to Program in 150 Challenges
Copyright ⓒ Nichola Lacey 2020

This translation of "PYTHON BY EXAMPLE" is published by arrangement with
Cambridge University Press through Agency-One, Seoul.

150개의 코딩 과제로 배운다
파이썬 챌린지

1쇄 발행 2021년 5월 12일
2쇄 발행 2022년 1월 31일

지은이 니콜라 레이시
옮긴이 황반석
펴낸이 장성두
펴낸곳 주식회사 제이펍

출판신고 2009년 11월 10일 제406-2009-000087호
주소 경기도 파주시 회동길 159 3층 3-B호 / **전화** 070-8201-9010 / **팩스** 02-6280-0405
홈페이지 www.jpub.kr / **원고투고** submit@jpub.kr / **독자문의** help@jpub.kr / **교재문의** textbook@jpub.kr

편집부 김정준, 이민숙, 최병찬, 이주원, 송영화
소통기획부 이상복, 송찬수, 배인혜 / **소통지원부** 민지환, 김수연 / **총무부** 김유미

진행 및 교정·교열 장성두 / **내지 및 표지디자인** 이민숙
용지 신승지류유통 / **인쇄** 해외정판사 / **제본** 일진제책사

ISBN 979-11-91600-01-8 (93000)
값 11,200원

제이펍은 독자 여러분의 아이디어와 원고 투고를 기다리고 있습니다. 책으로 펴내고자 하는 아이디어나 원고가 있는
분께서는 책의 간단한 개요와 차례, 구성과 저(역)자 약력 등을 메일(submit@jpub.kr)로 보내 주세요.

차 례

옮긴이 머리말

파이썬이 얼마나 빠르게 성장하는지, 그리고 얼마나 다양한 분야에 사용되고 있는지는 따로 설명하지 않아도 될 정도로 잘 알려져 있습니다. 저에게 파이썬은 '무언가 고급스러운 작업들(예를 들면, 해킹, 크롤링, 웹 서비스 등)을 믿을 수 없을 정도로 짧고 간단한 코드로 빠르게 수행해 주는 언어'라는 느낌이 있습니다. 파이썬을 한 번이라도 경험해 본 독자라면, 설치도 간단하고 몇 줄의 코드로 바로 실행할 수 있음을 잘 아실 겁니다. 그런데 문제는 '이 가볍고 빠른 파이썬을 어떻게 배울 것인가?'입니다.

'다 배우고 프로그램을 만들려고 하면 어렵지만, 만들면서 배우면 쉽다.'

프로그래밍과 관련된 제가 가장 좋아하는 문장입니다. 우리는 초·중·고 과정 동안 영어를 배웠지만, 영어로 대화하는 것은 여전히 어렵습니다. 하지만 조금은 엉터리 같아도 영어로 대화를 하면서 하고 싶은 표현을 배우게 된다면 더욱 풍성한 대화를 할 수 있게 되는 것과 같은 이치가 아닐까 합니다.

이 책의 구성은 개인적으로 제가 매우 좋아하는 형태입니다. 앞서 말한 것처럼 이론보다는 실습에 많은 비중을 두고 있기 때문입니다. 만들면서 배우게 하는 구성입니다. 그렇다고 아무것도 설명을 안 하는 건 아닙니다. 파트 I에서는 핵심적인 내용에 관해 설명하고 그에 대한 예제도 살펴봅니다. 그런 다음, 풀어야 할 문제들(챌린지)이 바로 나옵니다. 보통의 책들처럼 한 주제에 대해 한두 문제만 나오는 게 아니라, 한 주제에 대해 5~10문제 정도가 나옵니다. 낮은 난이도의 문제들로 시작하지만, 책 내용이 진행될수록 난이도가 점점 높아지는 구성입니다. 파이썬 언어에 대한 기초와 IDLE 사용법을 시작으로, 제어 구문, 그래픽, 튜플, 리스트, 배열, 딕셔너리, 외부 파일(text, csv) 읽고 쓰기, 함수, GUI, 데이터베이스 등 많은 주제를 학습할 수 있습니다.

이렇게 많은 주제에 대해 습득하고 익숙해졌다면, 파트 II에서는 그 지식을 모두 활용해야 하는, 비교적 규모가 큰 프로그램 5개를 만들어야 합니다. 여러 번 문제를 읽어야 할 수도 있고, 프로그래밍에 앞서 어떻게 만들지 고민하는 시간이 길어질 수도 있습니다. 파트 II에서는 조급하게 문제를 해결하려고 하기보다는 충분한 시간을 두고 하나씩 해결해 가길 바랍니다. 정답을 빨리 맞히고 싶다면, 지금까지 배워 온 이전 페이지들을 다시 살펴보길 추천합니다. 무엇을 놓

치고 있는지, 어느 부분을 이해하지 못했는지에 대해 돌아보는 시간이 훨씬 더 가치 있고 도움이 될 것입니다. 실제로 현업에서도 정답이 있는 문제(업무)를 주는 게 아니라, 이전에 해왔던 것들에서 정답을 찾아야 하는 일들이 대부분이기 때문입니다. 그저 이 책을 빨리 읽고 빨리 정답을 맞히려 하는 게 아니라, 하나씩 고민하고 익혀 가는 루틴을 갖게 된다면 실무에서도 많은 도움을 받을 것이라 믿습니다. 이 책의 문제들을 자신만의 방법으로 풀다 보면 책에서 제공하는 정답보다 더 멋진 방법으로 만들어진 프로그램이 나오게 되는 귀한 경험도 하게 될 것입니다. 다시 한번 강조하지만, 총 150개의 문제에 대해 '정답'을 맞히는 데 급급하기보다는 각각의 문제를 어떻게 해결할 것인지에 초점을 두면서 진행하길 권합니다. 정답에만 치중하다 보면 이 책이 주는 매력과 장점을 얻지 못하게 될 테니까요.

모든 분야가 다 그렇겠지만, 책 한 권으로 모든 것이 설명되는 것은 없습니다. 이 책 역시 파이썬에 대해 설명하고 알려주지만, 이 책의 내용이 파이썬(또는 파이썬으로 할 수 있는 것들)의 전부는 아닙니다. 이 책은 여러분에게 파이썬을 맛보게 해줄 뿐만 아니라 해결해야 하는 많은 프로그래밍 문제들을 경험하게 해줄 것입니다. 이 즐거운 여정을 시작하세요. 그리고 이 책을 다 읽게 된 시점에는 해결했던 150개의 프로그래밍 소스 코드가 여러분의 컴퓨터 한곳에 모여 있게 될 것이고, 그만큼의 자신감과 성취감이 생기게 될 것입니다. 또한, 그때가 되면 조금 더 고급스러운 작업에 대한 욕심이 생기게 될 것입니다. 여러분만의 길을 찾기 바랍니다!

번역 작업을 좋아하는 가장 큰 이유는 어떤 이(저자)의 지식을 배우는 것과 동시에 다른 사람들(독자)도 알 수 있도록 징검다리 역할을 한다는 점입니다. 이것은 저에게 매우 큰 즐거움이자 엄청난 부담감이기도 합니다. 저자가 전하고자 하는 바를 정확하게 전달해야 함과 동시에 우리에게 맞는 표현과 설명으로 바꿔야 하므로 신경도 많이 쓰이고 시간도 오래 걸리게  됩니다. 혼자 이해하고 넘어가는 것이라면 벌써 지나쳤을 문장도, 뉘앙스를 전달하고자 몇 시간을 고민하게 되는 작업이 번역 작업이라 생각합니다. 때때로 번역을 하는 것인지, 창작을 하는 것인지 애매한 경계선에 놓일 때도 있지만, 최대한 저자의 의도를 전달하고자 노력합니다. 긴 시간을 집중하고 고민해야 해서 가족에게는 늘 미안한 마음이 있습니다. 특히, 아빠랑 놀기 위해 주말만 기다리는 단비에게 미안한 마음과 함께 이해하고 응원해 줘서 고맙다는 마음을 전하고 싶습니다.

황반석 드림

이 책에 대하여

만약 여러분이 프로그래밍 책을 집어 들고 장황한 설명을 이해하려고 할 때 이마가 축축해지고 눈동자가 풀리는 순간을 느낀 적인 있다면, 바로 이 책이 여러분을 위한 안내서가 될 것이다.

필자 역시 전통적인 방법으로 프로그래밍을 배웠다. 그 고통스러운 경험을 통해 눈은 빠르게 침침해지고 머리가 굳어져서, 단 몇 페이지만 지나면 지루함이 밀려들어 단어가 의미하는 게 무엇인지 전혀 알지 못한 채 맹목적으로 읽고 있는 나 자신을 발견하게 되면서 결국 포기하게 된다. 이 모든 과정은 마치 전문용어의 늪에 빠져 숨을 헐떡이다가 죽을 것만 같은 기분을 느끼게 한다.

필자는 설명만 가득한 책을 싫어한다. 즉, 다음과 같은 부류의 책들이다. 장황한 설명으로 시작한 다음, 설명한 것처럼 해야 하는 단순한 프로그램을 보여주고, 그리고서는 또 수십 페이지에 걸쳐 그 코드에 대한 설명과 수많은 다른 방법에 관해 설명을 이어 놓은 책들이다. 또한, 예제를 해결하기 위해 스스로 해볼 수 없게 하거나 해당 장이 끝날 때까지 한두 개의 문제만 포함된 방식도 싫어한다.

그래서 필자는 더 나은 방법이 있어야 한다고 생각했는데, 다행히도 그런 방법이 있었다. 바로 그 방법으로 책을 썼고, 여러분은 지금 그 책을 읽고 있다. 이 책은 기존의 책들과는 다르며, 장황한 설명보다는 실질적인 예제를 통해 파이썬으로 프로그래밍하는 방법을 안내한다.

많은 프로그래머는 실습과 함께 다른 사람의 코드를 보고 주어진 상황에서 최선의 방법이 무엇인지 배운다. 이 책은 프로그래밍 학습에 대한 실습 위주의 접근 방식을 취한 책이다. 최소한의 내용을 읽고 나면 프로그램으로 만들어야 하는 여러 문제가 나온다. 여러분은 프로그래밍 언어인 파이썬을 충분히 살펴보고 실습한 후, 예제 솔루션을 확인하면서 프로그래머처럼 생각하는 방법을 배울 수 있다. 시간을 낭비하고 싶어 하는 어떤 저자들의 책처럼 '컴퓨터 아키텍처'니 '프로그래밍 이론'이니 하는 장은 없다. 필자는 이론으로 여러분을 당황스럽게 만들거나, 프로그래밍을 배우려는 여러분의 열정을 빼앗는 고압적인 설명으로 여러분의 눈을 멀게 하고 싶지 않다.

바라건대, 여러분이 프로그램을 만들고, 문제를 해결하며, 여러분이 작성한 코드를 자랑스럽게 살펴보면서 작동하는 무언가를 만들었다는 것에 대한 성취감을 즐기기 바란다. 그것은 정말 대단한 것이며, 여러분의 열의는 박수를 받아 마땅하다. 이 책을 읽으면서 이미 컴퓨터 앞에 앉아 손가락을 펴고 시작할 준비를 하고 있는 독자에게 경의를 표한다. 이미 화면에 파이썬을 열어두고 기다리는 사용자라면 아래 설명을 건너뛰고 3페이지 '기초' 장부터 읽기 시작하고, 망설이는 독자라면 아래 내용을 먼저 읽기 바란다.

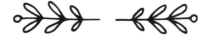

이 책을 사용하는 방법

이 책은 매우 간단한 예제부터 복잡한 예제로 구성되어 있다. 만약 프로그래밍 또는 파이썬이 처음이라면 '기초' 장부터 순서대로 진행하자.

파이썬 프로그래밍에 익숙하거나 프로그래밍에 대한 기초, 이론 그리고 로직에 자신이 있다면, 여러분에게 필요한 부분을 골라 보면 도움이 된다.

이 책은 두 개의 파트로 나누어져 있다.

파트 I

파트 I의 각 장에는 여러분이 배워야 할 기본적인 프로그래밍 규칙과 해결해야 하는 챌린지로 구성되어 있다.

- 파이썬 프로그래밍이 처음인 독자에게는 매우 유용할 **간단한 설명**

- 챌린지를 해결하기 위한 기초로 사용할 수 있는, 짧은 설명이 포함된 **코드 예제**

- 점점 어려워지는 **챌린지들**. 각 과제를 해결하는 데에는 2분에서 20분 정도 걸리겠지만, 파트 I이 끝나갈 즈음에 있는 몇 가지 복잡한 과제는 여러분이 사용하게 될 기술을 쌓는 데 더 오래 걸릴 수 있다. 필자가 말한 것보다 더 오래 걸리더라도 당황하지 말자. 제시된 정답을 너무 많이 커닝하지 않고 스스로 풀고 있다면, 잘하고 있는 것이다.

- 각 챌린지에 대한 하나의 **가능한 솔루션**을 포함하는 코드. 보통 하나 이상의 답이 있을 수 있지만, 코드의 특정 부분에 막히게 될 경우에 여러분이 참고할 수 있는 하나의 가능한 솔루션으로 제공된다.

파트 II

파트 II에서는 파트 I에서 배웠던 프로그래밍 기술을 활용하며 연습해 온 기술을 통합하고 강화할 수 있는 더 큰 규모의 챌린지가 주어진다. 이번 파트에서는 파트 I에 있었던 도움말이나 예제 코드가 제공되지 않으며, 각 과제를 푸는 데 더 오랜 시간이 걸릴 것이다. 각 과제를 해결하면 과제를 풀면서 막혔던 부분에 대해 도움이 되는 솔루션이 제공된다. 하지만 그 솔루션이 아닌, 잘 작동하는 다른 방법(솔루션)을 여러분이 발견할 수도 있다.

누구를 위한 책인가?

이 책은 파이썬으로 프로그래밍하는 방법을 배우고자 하는 모든 사람에게 적합한 책이다. 프로그래밍 기술을 연습하고 자신감을 쌓기 위하여, 잘 만들어진 예제가 필요한 Key Stage 3*의 선생님과 학생 또는 코딩을 배우려는 IT 비전공자들에게 유용할 것이다. 또한, 이 책은 파이썬 프로그래밍 실습의 문제 은행으로 활용될 수도 있을 것이며, 프로그램을 만들 때 빠르게 구문을 상기시켜 주는 데 도움이 된다.

* 옮긴이 잉글랜드와 웨일스 지역에서 11~14세의 학생들이 받는 7학년, 8학년, 9학년의 3년간의 교육 기간을 일컫는 말이다. 우리나라의 중학교와 비슷하다.

파이썬 다운로드하기

파이썬은 파이썬 공식 웹사이트에서 무료로 다운로드할 수 있다.

www.python.org/downloads/

파이썬 설치를 시작하기 위해 최신 버전(예를 들어, 앞의 그림에서 **Download Python 3.9.2*** 버튼)을 클릭하자.

★ 옮긴이 파이썬 버전은 읽는 시점에 따라 다를 것이다.

Windows 환경에서는 실행 파일(.exe)이 다운로드 되며, 맥 OS 환경에서는 패키지(.pkg) 파일이 다운로드된다. Windows 환경에서 다운로드한 파일 (.exe)을 실행하면 우측과 같은 창이 보일 것이다.

Install Now를 클릭하면 여러분의 컴퓨터에 파이썬 설치가 시작된다.

맥 OS 환경에서 다운로드한 파일(.pkg)을 실행하면 우측과 같은 창이 나타난다.

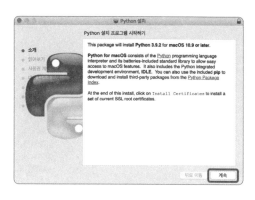

계속 버튼을 클릭하여 파이썬 설치를 진행할 수 있다.

파이썬 실행하기

Windows 시스템에서 파이썬을 실행하려면 **윈도우** 아이콘 또는 **시작** 메뉴를 클릭하고 다음의 그림에서 표시한 **IDLE** (Python 버전)을 선택한다.

맥 OS 시스템에서 파이썬을 실행하려면 **응용프로그램** 폴더에 있는 **python 3.9** 폴더에 있는 **IDLE. app**을 실행한다.

파일 위치

Windows 시스템에서 파이썬 폴더는 여러분이 특별히 바꾸지 않는다면 보통 C:\ 드라이브에 있으며, Python39 (또는 이와 유사한) 이름을 갖게 될 것이고, 그 위치에 파일들이 자동으로 저장된다.

주석 사용하기

주석은 프로그래머에게 매우 유용한 도구이며, 두 가지 목적을 위해 사용된다.

- 프로그램이 어떻게 작동하는지에 대한 설명을 추가하기 위함
- 작동하는 프로그램의 일부를 임시적으로 무효화시켜서 프로그램의 나머지 부분을 실행하고 테스트하기 위함

프로그램이 어떻게 작동하는지를 설명하는 첫 번째 목적은 향후에 여러분의 코드를 다른 프로그래머가 수정하거나 업데이트해야 하는 경우에 이해할 수 있도록 하고, 특정 코드를 왜 그렇게 작성했는지 기억나게 하기 위함이다.

```
print("This is a simple program")
print()    #출력 형태를 깔끔하게 하기 위하여 빈 줄을 출력함
name = input("Please input your name: ")    #입력을 요청함
print("Hello", name)    #"Hello"와 함께 입력받은 이름을 출력함
```

위의 네 줄짜리 예제에서 주석은 아래의 세 줄 끝에 추가되어 있다. 주석은 # 기호로 시작하며, IDLE에서는 빨간색으로 표시된다.

주석이 너무 많으면 화면을 어지럽게 만들 수 있다. 그래서 실제로 프로그래밍할 때는 명백한 코드에는 주석을 달지 않는 게 좋다. 주석은 필요한 곳에만 추가하도록 하자.

파이썬은 # 기호 다음에 있는 것은 모두 무시하라는 의미로 이해한다. 따라서 실행을 원하지 않는 코드의 시작 부분에 #을 사용하여 해당 부분을 차단하면 나머지 부분에만 집중하고 테스트할 수 있다.

```
#print("This is a simple program")
print()
name = input("Please input your name: ")
print("Hello", name)
```

이번 예제에서는 첫 번째 줄의 코드 맨 앞에 #을 추가하여 그 코드가 실행되지 않게
하였다. 반대로, 간단하게 #만 삭제하면 그 코드는 다시 활성화된다.

위 예제에서는 프로그램에 어떠한 주석도 달지 않았기 때문에 여러분이 직접 코드를 읽고 이해
해야 한다. 코드를 직접 읽고 이해하는 훈련을 통해 실제로 코딩을 어떻게 하는지 배울 수 있다.
만약 여러분이 학교 숙제나 시험 등의 교과 과정 중에 프로그램을 만드는 경우라면, 코드에 주
석을 추가하여 여러분이 만든 코드를 선생님에게 설명해 보자.

파이썬 서식

대부분의 파이썬 IDLE 버전에는 메뉴를 사용하여 빠르게 주석을 추가하거나 코드 들여쓰기를
할 수 있다. 메뉴를 이용하여 일정 영역의 코드에 주석을 추가하고자 한다면, 여러 코드 줄을
블록으로 지정하고 Format 메뉴의 Comment Out Region 옵션을 선택하면 된다. 마찬가지로,
여러 줄의 코드 블록을 들여쓰기해야 할 경우에도(코드에 들여쓰기를 해야 하는 이유는 나중에 살펴
볼 것이다) 메뉴를 사용하면 쉽게 할 수 있다.

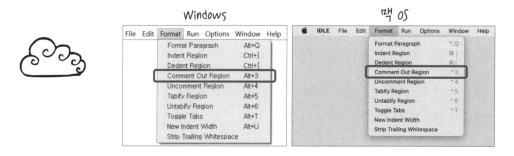

그렇다. 지금까지 배운 것들은 그저 '기본'에 불과하다. 더이상 머뭇거리지 말자. 심호흡을 크게
하고 먼 길을 출발해 보자.

사지원(현대엠엔소프트)

처음 프로그래밍을 공부할 때 '문법은 아는 것 같은데 어떤 프로그램을 만들어 봐야 하나?'라는 궁금증이 생길 수 있습니다. 이 책은 문제를 제시하고 스스로 문제를 해결하게끔 하여 프로그래밍에 더욱 익숙하도록 도와줍니다. 베타리딩 기간 동안 다양한 문제를 풀어볼 수 있어서 좋았으며, 재밌는 책이 출간되었다고 생각합니다. 특히 GUI와 SQL과 같이 문법책이나 문제풀이 책에서 접하기 힘들었던 부분이 있어서 정말 좋았습니다.

 송헌(Lunit)

파이썬을 빠르고 재밌게 배우기에 정말 좋습니다. 자주 사용되는 기능들과 그 기능들을 사용한, 수많은 예제를 직접 타이핑해 가며 파이썬과 친해지기에는 정말 좋다고 생각합니다. 하지만 깊이 있게 배우기는 힘들기 때문에 파이썬을 이미 배우신 분들께는 추천해 드리고 싶지 않습니다. 번역도 정말 잘 되었고, 한때 IT 서적으로 유명했던 'Head First' 시리즈를 읽는 듯한 구성이라 읽기 편했습니다. 다만, 이미 시중에 나와 있는 다른 책들과의 확연한 차별점을 찾기는 힘들었습니다. 다음에 출간되는 책은 조금 더 시중의 책들과 차별점이 뚜렷한 책이었으면 좋겠습니다.

 신진규

문법부터 시작하는 일반적인 파이썬 입문서와 달리 챌린지(문제)를 해결해 나가며 파이썬을 배우도록 구성되어 있습니다. 파이썬 문법을 갓 뗀 일반인이나 초·중학교 학생, 그리고 파이썬을 가르치는 선생님들이 사용하기 좋은 구성인 것 같습니다. 다만, 여기서 제시하는 정답 외에도 정답으로 가는 길은 다양하게 있으니 독자들이 스스로 많이 생각하고 문제를 풀어보았으면 합니다.

 차준성(서울아산병원)

파이썬을 처음 배울 때 접하면 좋은 책인 것 같습니다. 단순히 책을 읽으면서 지식을 얻는 것이 아니라, 문제를 풀어보면서 주도적으로 참여할 수 있게 합니다. 그래서 더욱 효과적으로 배울 수 있습니다. 기본적인 프로그래밍 개념을 알고 있고 파이썬을 처음 학습하는 분들께 이 책을 추천하고 싶습니다. 전반적으로 이해하기 쉽게 쓰였고, 오타나 잘못된 부분도 거의 없었습니다.
베타리딩을 하면서 문제를 머릿속으로 고민해 보고 실제로 풀어보는 게 재미있었는데, 독자들도 비슷하게 느낄 수 있으면 좋겠습니다.

최용호(넥슨코리아)

이론 설명이 주를 이루는 다른 입문 서적과는 다르게, 간단한 이론과 더불어 다양한 문제를 제공합니다. 주어진 문제를 고민하여 해결해 나가며, 풀이까지 확인할 수 있도록 구성되어 있기에 지루하지 않게 읽을 수 있습니다. 이론에 지친 분들과 파이썬 활용 능력, 알고리즘 풀이 능력을 키우고 싶은 분들에게 추천합니다. 다만, 이론 설명이 적고 문제가 많아서 지루하지는 않았지만, 파이썬 이론이 전혀 없는 초보자들은 다소 이해하기 어려울 수 있을 것 같습니다.

제이펍은 책에 대한 애정과 기술에 대한 열정이 뜨거운 베타리더의 도움으로
출간되는 모든 IT 전문서에 사전 검증을 시행하고 있습니다.

PART I

파이썬 배우기

Learning Python

챌린지 001~011

기초

설명

다음은 쉘(shell) 윈도우이며, 파이썬을 실행하면 처음 보게 되는 화면이다.

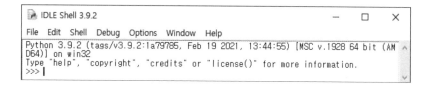

파이썬 코드를 쉘에 바로 작성하는 것도 가능하지만, Enter 키(맥 OS에는 ↵ 키)를 누르자마자 그 코드 줄이 실행된다. 이것은 파이썬을 빠른 계산기로 사용하는 데 적합할 수 있다. 예를 들어, 프롬프트에 3*5를 입력하고 엔터 키를 누르면, 파이썬은 다음 줄에 15라는 답을 보여줄 것이다. 하지만 더욱 복잡한 프로그램을 만들 때는 이렇게 입력하는 방식이 유용하진 않다.

새로운 윈도우를 열고 거기에 모든 코드를 작성하고 저장한 후 실행하는 게 훨씬 더 좋은 방법이다.

여러분의 코드를 작성하기 위해 새로운 윈도우를 생성하려면 File 메뉴에서 New File 옵션을 선택하자.

새로운 윈도우에 여러분의 코드를 입력했다면 코드를 저장하고 실행하는 것을 한 번에 할 수 있으며, 쉘 윈도우에서 여러분의 코드가 실행된다.

텍스트 편집기를 사용하여 파이썬 프로그램을 작성할 수도 있으며, 반드시 .py 확장자로 저장해야 한다. 이렇게 만든 프로그램은 명령 프롬프트에서 디렉터리 루트부터 시작하는 전체 디렉터리 경로와 파일명을 입력해야 실행할 수 있다.

프로그램 실행하기

코드를 실행할 때 코드가 변경된 상태라면 변경된 코드를 저장해야 한다.

파이썬에서는 Run 메뉴의 Run Module 옵션을 선택하면 프로그램이 실행된다. 다른 방법으로는 F5 키를 눌러도 된다. 만약 프로그램을 처음으로 저장하는 거라면 파이썬은 파일명을 입력하라고 할 것이며, 파일명이 저장된 후에 프로그램이 실행된다.

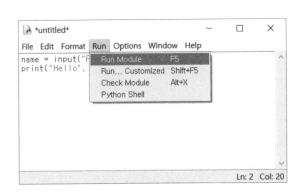

프로그램 작성 시에 유의해야 할 주요 사항

파이썬은 대소문자에 민감한 언어이므로 올바른 대소문자를 사용하는 것이 중요하다. 그렇지 않으면 코드가 작동하지 않게 된다.

텍스트 값은 큰따옴표(")로 감싸야 하지만, 숫자는 그냥 사용하면 된다.

변수(즉, 데이터를 저장하고자 하는 값)의 이름을 지정할 때는 print 또는 input 등의 키워드를 사용할 수 없다. 만약 사용한다면 코드가 작동하지 않을 것이다.

파일을 저장할 때도 print 또는 input처럼 파이썬이 이미 사용하는 키워드로 저장하지 말자. 만약 그렇게 한다면 실행되지 않을 것이며, 실행하려면 파일명을 변경해야 한다.

저장하고 닫았던 프로그램을 편집하려면, 그 파일을 마우스 우클릭하고 Edit with IDLE 메뉴를 선택한다. 파일을 더블 클릭하면 실행만 되고 편집할 수 없을 것이다.*

★ 옮긴이 맥에서는 마우스 우클릭하여 나타난 메뉴에서 열기 > IDLE.app을 선택하면 된다.

예제 코드

```
num1 = 93
```
변수에 값을 설정한다. 만약 이 변수가 미리 생성된 변수가 아니라면 그 변수를 생성하게 된다. 변수는 값을 담는 컨테이너다(위의 경우에서 변수는 'num1'이라고 부르며 값 93을 저장한다). 변수에 저장된 값은 프로그램이 실행되는 동안에 변경될 수 있다. 변수명은 여러분이 원하는 대로 만들 수 있으며(단, print 또는 save 등의 파이썬 키워드는 제외), 숫자나 기호가 아닌 문자로 시작해야 하며 공백이 있으면 안 된다.

```
answer = num1 + num2
```
num1과 num2를 더한 결과를 answer라는 변수에 저장한다.

```
answer = num1 - num2
```
num1에서 num2를 뺀 결과를 answer라는 변수에 저장한다.

```
answer = num1 * num2
```
num1과 num2를 곱한 결과를 answer라는 변수에 저장한다.

```
answer = num1 / num2
```
num1을 num2로 나눈 결과를 answer라는 변수에 저장한다.

```
answer = num1 // num2
```
num1을 num2로 나눈 몫을 answer라는 변수에 저장한다

```
print ("This is a message")
```
괄호 안에 메시지를 표시한다. 표시하고자 하는 값이 텍스트 값이므로 큰따옴표로 감싸면 된다. 이 큰따옴표는 결과로 출력되지 않는다. 만약 숫자 또는 변수의 내용을 출력하려고 한다면 큰따옴표는 필요하지 않다.

```
print ("First line\nSecond line")
```
\n은 줄바꿈할 때 사용된다.

```
print ("The answer is", answer)
```
'The answer is'라는 텍스트와 answer에 해당하는 변숫값을 표시한다.

```
textValue = input("Enter a text value: ")
```
'Enter a text value: '라는 질문을 표시하고, 사용자가 입력한 값을 textValue라는 이름의 변수에 저장한다. 콜론(:) 뒤의 공백은 사용자가 입력할 답변 앞에 공백이 추가되도록 하는 것이다. 공백이 없다면 질문과 답변이 서로 뭉쳐진 것처럼 보이게 된다.

```
numValue = int(input("Enter a number: "))
```
'Enter a number: '라는 질문을 표시하고, numValue라는 이름의 변수에 정숫값을 저장한다. 정수는 계산에 사용할 수 있지만, 텍스트로 저장된 변수는 계산에 사용할 수 없다.

챌린지

001
사용자의 이름을 입력받아서 다음과 같이 출력하라.

Hello [이름]

002
사용자의 이름을 입력받은 다음, 사용자의 성을 입력받아서 다음과 같이 출력하라.

Hello [이름] [성]

003

'What do you call a bear with no teeth?' 라는 농담을 표시하고, 다음 줄에 'A gummy bear!'라는 답을 표시하는 코드를 한 줄로 만들자.

004
사용자로부터 2개의 숫자를 입력받아서 더한 결과를 다음과 같이 출력하라.

The total is [결과]

005
사용자로부터 3개의 숫자를 입력받는다. 첫 번째 숫자와 두 번째 숫자를 더한 값에 세 번째 숫자를 곱한 결과를 다음과 같이 출력하라.

The answer is [결과]

006
사용자로부터 처음에 가지고 있었던 피자 조각 수를 입력받고, 몇 조각을 먹었는지 입력받아서 남은 조각 수를 계산하여 사람에게 익숙한 형식으로 출력하라.

007
사용자로부터 이름과 나이를 입력받아서 나이에 1을 더한 후 다음과 같이 출력하라.

[이름] next birthday you will be [새로운 나이]

계속 힘내세요, 잘하고 있습니다!

008
계산서의 총 가격과 몇 명이 같이 식사를 했는지 입력받는다. 총 가격을 인원수로 나누고 각 사람이 얼마씩 내야 하는지 출력하라.

009
사용자로부터 일수(날짜 수)를 입력받아서 그 일수까지 몇 시간, 몇 분, 몇 초가 남았는지 출력하라.

010
1킬로그램은 2.204파운드다. 몸무게를 킬로그램 단위로 입력받아서 파운드로 변환하여 출력하라.

011
사용자로부터 100이 넘는 숫자를 입력받고 10 미만의 숫자 하나를 입력받은 후, 작은 숫자가 큰 숫자 안에 몇 번 들어가는지 사용자 친화적인 형식으로 출력하라.

정답

🐍 001   — ☐ ✕

```python
firstname = input("Please enter your first name: ")
print("Hello", firstname)
```

🐍 002   — ☐ ✕

```python
firstname = input("Please enter your first name: ")
surname = input("Please enter your surname: ")
print("Hello", firstname, surname)
```

🐍 003   — ☐ ✕

```python
print("What do you call a bear with no teeth?\nA gummy bear!")
```

🐍 004   — ☐ ✕

```python
num1 = int(input("Please enter your first number: "))
num2 = int(input("Please enter your seconde number: "))
answer = num1 + num2
print("The total is", answer)
```

🐍 005   — ☐ ✕

```python
num1 = int(input("Please enter your first number: "))
num2 = int(input("Please enter your seconde number: "))
num3 = int(input("Please enter your third number: "))
answer = (num1 + num2) * num3
print("The answer is", answer)
```

🐍 006   — ☐ ✕

```python
startNum = int(input("Enter the number of slices of pizza you started with: "))
endNum = int(input("How many slices have you eaten? "))
slicesLeft = startNum - endNum
print("You have", slicesLeft, "slices remaining")
```

🐍 007   — ☐ ✕

```python
name = input("What is your name? ")
age = int(input("How old are you? "))
newAge = age + 1
print(name, "next birthday you will be", newAge)
```

```
bill = int(input("What is the total cost of the bill? "))
people = int(input("How many people are there? "))
each = bill/people
print("Each person should pay £", each)
```

```
days = int(input("Enter the number of days: "))
hours = days * 24
minutes = hours * 60
secondes = minutes * 60
print("In", days, "days there are...")
print(hours, "hours")
print(minutes, "minutes")
print(secondes, "secondes")
```

```
kilo = int(input("Enter the number of kilos: "))
pound = kilo * 2.204
print("That is", pound, "pounds")
```

```
larger = int(input("Enter the number over 100: "))
smaller = int(input("Enter the number under 10: "))
answer = larger//smaller
print(smaller, "goes into", larger, answer, "times")
```

어땠나요?
지금 배우고 있는 기술이
나중에 분명 도움될 것이니
절대로 잊지 마세요~

if 문

설명

if 문은 프로그램이 결정을 내릴 수 있게 하고 프로그램의 실행 흐름을 변경할 수 있게 한다.

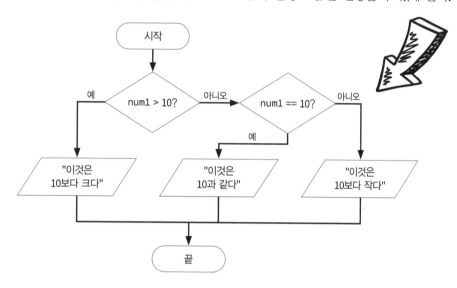

다음은 앞의 플로우 차트에 대한 if 문이 파이썬으로 어떻게 표현되는지를 보여준다.

```python
if num1 > 10:
    print("이것은 10보다 크다")
elif num1 == 10:
    print("이것은 10과 같다")
else:
    print("이것은 10보다 작다")
```

코드 들여쓰기

파이썬에서 들여쓰기는 매우 중요하다. 앞의 예제에서 봤듯이 들여쓰기가 된 코드는 다른 코드에 의존적임을 나타낸다. 들여쓰기를 하려면 Tab 키를 이용하거나 Space 키를 누르면 된다. 들여쓰기를 제거할 때는 Backspace 키를 사용한다.

if 문의 첫 번째 줄은 조건을 검사한다. 만약 그 조건이 충족된다면(즉, 첫 번째 조건이 참(true)인 경우) 바로 아래에 있는 코드가 실행된다. 조건이 충족되지 않는다면(즉, 첫 번째 조건이 거짓(false)인 경우) 두 번째 조건을 검사하게 되며, 두 번째 조건을 충족한다면 그 아래의 코드를 실행하는 식으로 작동한다. 다음은 if 문의 조건식에 사용할 수 있는 여러 가지 비교 연산자와 논리 연산자다.

비교 연산자

연산자	설명
==	~와 같다
!=	~와 같지 않다
>	~보다 크다
<	~보다 작다
>=	~보다 크거나 같다
<=	~보다 작거나 같다

논리 연산자

연산자	설명
and	두 조건 모두 충족해야 한다
or	두 조건 중 하나라도 충족해야 한다

예제 코드

참고 이번 예제에서 num은 사용자가 입력한 정수를 저장하는 변수다.

```
if num > 10:
    print("This is over 10")
else:
    print("This is not over 10")
```

만약 num이 10보다 크면 "This is over 10"이라는 메시지가 표시되며, 그렇지 않다면 "This is under 10"이라는 메시지가 표시된다.

```
if num > 10:
    print("This is over 10")
elif num == 10:
    print("This is equal to 10")
else:
    print("This is under 10")
```

만약 num이 10보다 크면 "This is over 10"이라는 메시지가 표시되며, 그렇지 않다면 다음 조건을 검사하게 된다. 만약 num이 10과 같다면 "This is equal to 10"이라는 메시지가 표시된다. 그렇지 않고 첫 번째 조건도 두 번째 조건도 충족되지 않다면 "This is under 10"이라는 메시지가 표시된다.

```
if num >= 10:
    if num <= 20:
        print("This is between 10 and 20")
    else:
        print("This is over 20")
else:
    print("This is under 10")
```

만약 num이 10과 같거나 크면, num이 20과 같거나 작은지에 대한 또 다른 if 문을 검사하게 된다. 만약 그렇다면 "This is between 10 and 20"이라는 메시지가 표시된다. 만약 num이 20보다 작거나 같지 않다면 "This is over 20"이라는 메시지가 표시된다. 만약 num이 10보다 작으면 "This is under 10"이라는 메시지가 표시된다.

```
text = str.lower(text)
```

텍스트를 소문자로 바꾼다. 파이썬은 대소문자에 민감한 언어이므로, 이것은 사용자가 입력한 데이터를 소문자로 변경하기 때문에 텍스트를 비교 검사하기에 좋다.

```
num = int(input("Enter a number between 10 and 20: "))
if num >= 10 and num <= 20:
    print("Thank you")
else:
    print("Out of range")
```
이것은 if 문에서 여러 조건을 검사하기 위하여 and를 사용한다. 두 조건 모두 충족해야 "Thank you"라고 출력한다.

```
num = int(input("Enter an EVEN number between 1 and 5: "))
if num == 2 or num == 4:
    print("Thank you")
else:
    print("Incorrect")
```
이것은 if 문에서 조건을 검사하기 위하여 or을 사용한다. 단 하나의 조건만 충족해도 "Thank you"라고 출력한다.

챌린지

012

두 개의 숫자를 입력받는다. 만약 첫 번째 숫자가 두 번째 숫자보다 크면, 두 번째 숫자를 먼저 출력한 다음에 첫 번째 숫자를 출력하라. 그렇지 않다면 첫 번째 숫자를 출력한 다음에 두 번째 숫자를 출력하라.

013

사용자에게 20보다 작은 숫자를 입력하라고 요청한다. 만약 입력된 값이 20과 같거나 크면 "Too high"라는 메시지를 출력하라. 그렇지 않다면 "Thank you"를 출력하라.

014

사용자에게 10과 20(포함) 사이의 숫자를 입력하라고 요청한다. 만약 입력한 값이 이 범위 안의 숫자이면 "Thank you"라는 메시지를 출력하라. 그렇지 않다면 "Incorrect answer"라는 메시지를 출력하라.

015

사용자에게 좋아하는 색을 입력하라고 요청한다. 만약 "red"나 "RED" 또는 "Red"를 입력하면 "I like red too"라는 메시지를 출력하라. 그렇지 않다면 "I don't like that colour, I prefer red"라는 메시지를 출력하라.

016

사용자에게 지금 비가 오는지 묻고 그 대답을 소문자로 변환하여 대소문자에 상관없도록 한다. 만약 "yes"라고 입력한다면 바람이 부는지 묻는다. 두 번째 질문에 대해 "yes"라고 입력하면 "It is too windy for an umbrella"라는 메시지를 표시하라. 그렇지 않다면 "Take an umbrella"라는 메시지를 표시하라. 만약 첫 번째 질문에 대해 "yes"라고 입력하지 않는다면 "Enjoy your day"라는 메시지를 표시하라.

017

사용자의 나이를 묻자. 만약 18세 이상이면 "You can vote"라는 메시지를 표시하라. 만약 17세라면 "You can learn to drive"라는 메시지를 표시하라. 만약 16세라면 "You can buy a lottery ticket"이라는 메시지를 표시하라. 만약 16세 미만이라면 "You can go Trick-or-Treating"이라는 메시지를 표시하라.

018

사용자에게 숫자를 입력하라고 요청하자. 만약 10 미만이면 "Too low"라는 메시지를 표시하라. 만약 입력한 숫자가 10에서 20 사이라면 "Correct"라고 표시하라. 그렇지 않다면 "Too high"라고 표시하라.

019

사용자에게 1이나 2 또는 3을 입력하라고 하자. 만약 1을 입력하면 "Thank you"라는 메시지를 표시하라. 만약 2를 입력하면 "Well done"을 표시하라. 만약 3을 입력하면 "Correct"를 표시하라. 만약 사용자가 다른 것을 입력하면 "Error message"를 표시하라.

정답

🐍 012 — □ ×

```python
num1 = int(input("Enter first number: "))
num2 = int(input("Enter second number: "))
if num1 > num2:
    print(num2, num1)
else:
    print(num1, num2)
```

🐍 013 — □ ×

```python
num = int(input("Enter a value less than 20: "))
if num >= 20:
    print("Too high")
else:
    print("Thank you")
```

🐍 014 — □ ×

```python
num = int(input("Enter a value between 10 and 20: "))
if num >= 10 and num <= 20:
    print("Thank you")
else:
    print("Incorrect answer")
```

🐍 015 — □ ×

```python
colour = input("Type in your favourite colour: ")
if colour == "red" or colour == "RED" or colour == "Red":
    print("I like red too")
else:
    print("I don't like that colour, I prefer red")
```

🐍 016 — □ ×

```python
raining = input("Is it raining? ")
raining = str.lower(raining)
if raining == "yes":
    windy = input("Is it windy? ")
    windy = str.lower(windy)
    if windy == "yes":
        print("It is too windy for an umbrella")
    else:
        print("Take an umbrella")
else:
    print("Enjoy your day")
```

017

```python
age = int(input("What is your age? "))
if age >= 18:
    print("You can vote")
elif age == 17:
    print("You can learn to drive")
elif age == 16:
    print("You can buy a lottery ticket")
else:
    print("You can go Trick-or-Treating")
```

018

```python
num = int(input("Enter a number: "))
if num < 10:
    print("Too low")
elif num >= 10 and num <= 20:
    print("Correct")
else:
    print("Too high")
```

019

```python
num = input("Enter 1, 2 or 3: ")
if num == "1":
    print("Thank you")
elif num == "2":
    print("Well done")
elif num == "3":
    print("Correct")
else:
    print("Error message")
```

설명

문자열(String)은 텍스트에 대한 기술적 용어다. 코드상에서 문자열을 정의하려면 큰따옴표(") 또는 작은따옴표(')로 감싸면 된다. 어떤 것을 사용하든 상관은 없지만, 큰따옴표로 시작해서 작은따옴표로 끝난다거나 또는 그 반대로 한다거나 하는 식으로 혼합하여 사용하면 안 된다.

문자열을 입력할 때 특히 주의해야 할 문자들이 있다.

이러한 기호들은 파이썬에서 특별한 의미를 가지며, 문자열 안에서 이것들을 사용하면 혼란스러울 수 있기 때문이다.

이러한 기호들 중 하나를 사용하고자 한다면 그 앞에 백슬래시 기호를 붙여야 한다. 그렇게 하면 파이썬은 그 기호를 무시하고 표시할 일반 텍스트로 취급하게 된다.

기호	파이썬 문자열로 변환하는 방법
"	\"
'	\'
\	\\

변수로서의 문자열과 숫자

만약 문자열로 변수를 정의하면 그 변수에 숫자만 있다고 해도 나중에 그 문자열을 어떤 계산의 한 부분으로 사용할 수 없다. 만약 문자열로 정의된 변수를 계산에 사용하고 싶다면 문자열을 숫자로 변환한 후에 사용해야 한다.

```
num = input("Enter a number: ")
total = num + 10
print(total)
```

앞의 예제에서, 사용자에게 숫자를 입력하라고 요청하지만 입력된 값을 숫자 값으로 정의하지 않았기 때문에 프로그램을 실행하면 다음과 같은 에러가 발생한다.

```
Enter a number: 45
Traceback (most recent call last):
  File "/Users/peter/Desktop/Book_Python/Code/sample.py", line 2, in <module>
    total = num + 10
TypeError: can only concatenate str (not "int") to str
>>>
```

이 에러 메시지가 끔찍하게 보이겠지만, num 변수가 문자열로 정의되어 있어서 total = num + 10이 작동하지 않는다는 의미다.

이 문제를 해결하는 방법에는 두 가지가 있다. 다음과 같이 변수가 처음 생성될 때 숫자로 정의하는 것이다.

```
num = int(input("Enter a number: "))
```

또는 다음의 코드를 사용하여 계산에 사용하기 전에 숫자로 변환하는 것이다.

```
num = int(num)
```

문자열도 같은 현상이 발생할 수 있다.

```
name = input("Enter a name: ")
num = int(input("Enter a number: "))
ID = name + num
print(ID)
```

이 프로그램은 사용자에게 이름과 숫자를 입력하라고 요청한다. 연결의 의미로 사용되는 더하기 기호를 사용하여 두 값을 결합하고자 한다. 이 코드를 실행하면 앞에서 봤던 것과 유사한 에러 메시지를 보게 된다.

```
Enter a name: Peter
Enter a number: 23
Traceback (most recent call last):
  File "/Users/peter/Desktop/Book_Python/Code/sample.py", line 3, in <module>
    ID = name + num
TypeError: can only concatenate str (not "int") to str
>>>
```

이 문제를 해결하려면 처음부터 변수를 숫자로 정의하지 않거나 다음과 같이 숫자를 문자열로 변환하면 된다.

```
num = str(num)
```

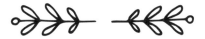

여러 줄의 문자열

여러 줄에 걸쳐 문자열을 입력하고 싶다면 줄바꿈(\n)을 이용하거나 큰따옴표 세 개(""")로 묶으면 된다. 이렇게 하면 텍스트의 서식이 유지된다.

```
address = """123 Long Lane
Oldtown
AB1 23CD"""
print(address)
```

예제 코드

참고 다음의 예제에서 word, phrase, name, firstname 그리고 surname은 모두 변수명이다.

```
len(word)
```
word라는 이름의 변수의 길이를 찾는다.

```
print(word.capitalize())
```
첫 문자만 대문자를 사용하고 나머지는 모두 소문자로 표시한다.

```
name = firstname + surname
```
이름과 성을 공백 없이 결합한다.

```
word.upper()
```
문자열을 대문자로 바꾼다.

```
word.lower()
```
문자열을 소문자로 바꾼다.

```
word.title()
```
모든 단어의 시작하는 문자를 대문자로 만들고 나머지는 모두 소문자로 만든다(즉, Title Case).

```
text = " This is some text. "
print(text.strip(" "))
```
문자열의 시작과 끝에 있는 문자(여기서는 공백)를 제거한다.

```
print ("Hello world"[7:10])
```
구문의 각 문자(공백 포함)에 각 위치를 식별하기 위한 인덱스가 할당된다. 파이썬은 인덱스 번호가 1이 아닌 0부터 시작한다.

0	1	2	3	4	5	6	7	8	9	10
H	e	l	l	o		w	o	r	l	d

그러므로 인덱스 7, 8 그리고 9의 값은 'orl'이다.

새로운 프로그램을 만들 때 시간을 절약하기 위하여 이전 프로그램을 재사용할 수 있다는 것을 잊지 말자. SAVE AS 메뉴를 이용하고 새로운 이름을 지정하기만 하면 된다.

챌린지

020

사용자에게 이름을 요청하고 그 이름의 길이를 출력하라.

021

사용자에게 이름을 묻고 그 다음으로 성을 묻는다. 이름과 성 사이에 공백 하나를 두어 출력하고 공백을 포함한 전체 이름의 길이를 출력하라.

022

사용자에게 이름과 성을 소문자로 입력하라고 요청한다. 각 첫 문자만 대문자로 변경하고 이름과 성 사이에 공백을 하나 두어 결합한 후에 그 결과를 출력하라.

023

사용자에게 자장가의 첫 줄을 입력하라고 요청하고 그 문자열의 길이를 출력한다. 사용자에게 범위를 시작할 인덱스 번호를 묻고 범위의 끝 인덱스 번호를 묻는다. 그런 후에 그 범위의 텍스트를 출력하라. 파이썬에서 인덱스는 1이 아닌 0부터 시작한다는 것을 기억하자.

024

사용자에게 아무 단어나 입력하라고 하고 그것을 대문자로 출력하라.

025

사용자에게 이름을 입력하라고 요청한다. 만약 이름의 길이가 5자 미만이면 성을 입력하라고 요청하고 중간 공백 없이 이름과 성을 결합하고 대문자로 출력하라. 만약 이름의 길이가 5자 이상이면 이름을 소문자로 출력하라.

잊지 말아요.
언제든지 돌아가서 이전에 배운 기술을 살펴볼 수 있어요. 지금까지 우리는 많은 것을 배웠답니다.

026

피그 라틴(Pig Latin)은 단어의 첫 자음을 가져와서 단어 끝으로 이동하고 마지막에 'ay'를 추가한다. 만약 단어가 모음으로 시작한다면 단어의 끝에 그냥 'way'를 붙인다. 예를 들어, 'pig'라는 단어는 'igpay', 'banana'는 'ananabay', 그리고 'aadvark'는 'aadvarkway'가 된다. 사용자에게 단어를 입력받아서 피그 라틴으로 변환하고 소문자로 출력하는 프로그램을 만들어라.

정답

020

```
name = input("Enter your first name: ")
length = len(name)
print(length)
```

021

```
firstname = input("Enter your first name: ")
surname = input("Enter your surname: ")
name = firstname + " " + surname
length = len(name)
print(name)
print(length)
```

022

```
firstname = input("Enter your first name in lowercase: ")
surname = input("Enter your surname in lowercase: ")
firstname = firstname.title()
surname = surname.title()
name = firstname + " " + surname
print(name)
```

023

```
phrase = input("Enter the first line of a nursery rhyme: ")
length = len(phrase)
print("This has", length, "letters in it")
start = int(input("Enter a starting number: "))
end = int(input("Enter an end number: "))
part = (phrase[start:end])
print(part)
```

024

```
word = input("Enter a word: ")
word = word.upper()
print(word)
```

```python
name = input("Enter your first name: ")
if len(name) < 5:
    surname = input("Enter your surname: ")
    name = name + surname
    print(name.upper())
else:
    print(name.lower())
```

```python
word = input("Please enter a word: ")
first = word[0].lower()
length = len(word)
rest = word[1:length]
if first != "a" and first != "e" and first != "i" and first != "o" and first != "u":
    newword = rest + first + "ay"
else:
    newword = word + "way"
print(newword.lower())
```

수학 함수

설명

파이썬은 여러 가지 수학 함수를 수행할 수 있지만, 데이터가 정수 또는 부동소수점일 경우에만 사용할 수 있다. 만약 데이터가 문자열로 저장되었다면 숫자 문자만 있다고 해도 파이썬은 이것을 가지고 계산을 수행할 수 없다(자세한 설명은 '문자열' 챌린지를 참고하자).

예제 코드

참고 일부 수학 함수(math.sqrt(num) 그리고 math.pi 등)를 사용하려면 프로그램의 첫 번째 줄에 import math를 추가하여 프로그램에 math 라이브러리를 임포트해야 한다.

```
print(round(num,2))
```
숫자를 반올림하여 소수점 둘째 자리까지 표현한다.

```
**
```
거듭제곱을 구한다. 즉, 10^2은 10**2이다.

```
math.sqrt(num)
```
숫자의 제곱근을 구한다. 이 함수를 사용하기 위해서는 import math를 프로그램 상단에 반드시 추가해야 한다.

```
num=float(input("Enter number: "))
```
정수 부분과 소수 부분으로 나누어지는 소수점을 가진 숫자를 받는다.

```
math.pi
```
소수점 15자리까지인 파이(π) 값을 반환한다.
단, import math를 프로그램 상단에 반드시 추가해야 한다.

```
x // y
```
몫 연산. 즉, 15 // 2는 7이 된다.

```
x % y
```
나머지 연산. 즉, 15 % 2는 1이 된다.

챌린지

027

사용자에게 소수점 이하 자릿수가 많은 숫자를 입력하도록 요청한다. 이 숫자에 2를 곱한 결과를 출력하라.

028

027번 프로그램을 업데이트하여 소수점 둘째 자리까지 출력하라.

029

사용자에게 500 이상의 정수를 입력하라고 요청한다. 입력받은 숫자의 제곱근을 구하고 소수점 둘째 자리까지 출력하라.

030

파이(π) 값을 소수점 다섯째 자리까지 출력하라.

031

사용자에게 원의 반지름(원의 중심점으로부터 끝까지의 길이)을 입력하도록 요청한다. 원의 넓이(π * 반지름²)를 계산하여 출력하라.

032

원기둥의 반지름과 깊이를 입력하도록 요청한다. 원기둥의 부피(원 넓이 * 깊이)를 구하고 결과를 반올림하여 소수점 세째 자리까지 출력하라.

033

사용자로부터 숫자 두 개를 입력받는다. 몫 연산을 사용하여 첫 번째 숫자를 두 번째 숫자로 나누고 나머지도 계산하여 사용자가 읽을 수 있는 문장으로 결과를 출력하라. 예를 들어, 7과 2를 입력했다면 "7 divided by 2 is 3 with 1 remaining"이라고 출력하자.

034

다음과 같은 메시지를 표시한다.

```
1) Square
2) Triangle

Enter a number:
```

만약 사용자가 1을 입력하면 한 면의 길이를 요청하여 사각형의 넓이를 구하여 출력하라. 만약 2를 입력하면 밑변과 높이를 요청하여 삼각형의 넓이를 구하여 출력하라. 다른 것을 입력하면 적절한 오류 메시지가 출력되도록 한다.

프로그래머처럼 생각하기 시작했군요!

정답

```
num = float(input("Enter a number with lots of decimal places: "))
print(num*2)
```

```
num = float(input("Enter a number with lots of decimal places: "))
answer = num * 2
print(answer)
print(round(answer, 2))
```

```
import math
num = int(input("Enter a number over 500: "))
answer = math.sqrt(num)
print(round(answer, 2))
```

```
import math
print(round(math.pi, 5))
```

```
import math
radius = int(input("Enter the radius of the circle: "))
area = math.pi * (radius ** 2)
print(area)
```

```
import math
radius = int(input("Enter the radius of the circle: "))
depth = int(input("Enter depth: "))
area = math.pi * (radius ** 2)
volume = area * depth
print(round(volume, 3))
```

033

```python
num1 = int(input("Enter a number: "))
num2 = int(input("Enter another number: "))
ans1 = num1 // num2
ans2 = num1 % num2
print(num1, "divided by", num2, "is", ans1, "with", ans2, "remaining")
```

034

```python
print("1) Square")
print("2) Triangle")
print()
menuselection = int(input("Enter a number: "))
if menuselection == 1:
    side = int(input("Enter the length of one side: "))
    area = side * side
    print("The area of your chosen shape is", area)
elif menuselection == 2:
    base = int(input("Enter the length of the base: "))
    height = int(input("Enter the height of the triangle: "))
    area = (base * height) / 2
    print("The area of your chosen shape is", area)
else:
    print("Incorrect option selected")
```

for 루프

설명

for 루프는 코드를 정해진 횟수만큼 반복할 수 있도록 한다. 이것은 루프를 시작하기 전에 몇 번을 반복할지 알고 있기 때문에 **카운팅 루프**(counting loop)라고도 한다.

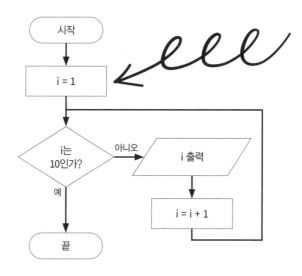

위의 그림에서는 i를 1부터 시작하며 10이 될 때까지 i를 출력하는 루프를 실행할 것이다. 파이썬에서 이러한 루프는 다음과 같이 작성될 수 있다.

```
for i in range(1,10):
    print(i)
```

이 예제는 1, 2, 3, 4, 5, 6, 7, 8, 9를 출력할 것이다. i가 10이 되면 루프를 종료하기 때문에 10은 출력되지 않는다.

for 루프 내에서
코드를 들여쓰는 것을 잊지 말자.

예제 코드

range 함수는 for 루프에 자주 사용된다. 또한, 시작하는 값과 끝나는 값을 지정할 수 있으며 증감하는 값도 지정할 수 있다.

```
for i in range(1, 10):
    print(i)
```

이 코드는 루프가 반복된 횟수를 추적하기 위하여 'i'라는 이름의 변수를 사용한다. range 함수에 정의한 시작 값에 따라 i는 1로 시작하여 루프를 반복한다. 루프를 반복할 때마다 1씩 증가되며, range 함수에 지정한 10이 되기 전까지 i의 값을 출력하고 10이 되면 루프를 멈춘다. 따라서 출력하는 코드는 10회 반복되지 않기 때문에 다음과 같이 출력된다.*

```
1, 2, 3, 4, 5, 6, 7, 8, 9
```

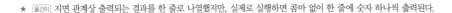

★ 옮긴이 지면 관계상 출력되는 결과를 한 줄로 나열했지만, 실제로 실행하면 콤마 없이 한 줄에 숫자 하나씩 출력된다.

```
for i in range(1, 10, 2):
    print(i)
```

이번 range 함수는 세 번째 값을 가지고 있다. 이 값은 루프를 반복할 때마다 얼마씩 증가해야 하는지를 나타낸다(이 예제에서는 2). 이 코드의 결과는 다음과 같다.

```
1, 3, 5, 7, 9
```

```
for i in range(10, 1, -3):
    print(i)
```

이번 range 함수는 루프를 반복할 때마다 3씩 감소시킨다. 이 코드의 결과는 다음과 같다.

```
10, 7, 4
```

```
for i in "word":
    print(i)
```

이것은 "word"라는 문자열의 각 문자를 한 줄씩 출력한다.

루프는 조금 더 어려운 프로그램에서 많이 사용되는 강력한 프로그래밍 도구랍니다.

WOOF

챌린지

035
사용자의 이름을 입력하라고 요청한 뒤, 그 이름을 세 번 출력하라.

036
035번 프로그램을 수정하여 사용자가 이름과 숫자를 입력하게 하여 이름을 입력한 숫자만큼 출력하라.

037
사용자의 이름을 입력하라고 요청하고, 그 이름의 각 문자를 한 줄에 하나씩 출력하라.

038
037번 프로그램을 수정하여 숫자도 입력하도록 요청하자. 이름의 각 문자를 한 줄에 하나씩 출력하는 작업을 입력한 숫자만큼 반복하라.

039
1부터 12 사이의 값을 입력하도록 요청한 뒤, 그 숫자에 대해 12까지의 곱셈표를 출력하라.

040
50 미만의 숫자를 입력하도록 요청한다. 50부터 입력한 숫자까지 카운트 다운하면서 숫자를 출력하되, 입력한 숫자까지 출력되도록 하라.

041
이름과 숫자를 입력하도록 요청한다. 입력한 숫자가 10 미만이면 입력한 숫자만큼 이름을 출력하고 10 이상이면 "Too high"를 세 번 출력하라.

042
total이라는 이름의 변수에 0을 설정하고 숫자를 입력하라는 요청을 다섯 번 반복한다. 숫자를 입력할 때마다 입력한 값을 total에 더할 것인지를 묻는다. 더하길 원한다는 답을 하면 total에 그 값을 더하고, 그렇지 않다면 더하지 않는다. 다섯 개의 숫자가 모두 입력되면 total을 출력하라.

043
사용자에게 원하는 카운트 방향(카운트 다운 또는 카운트 업)을 묻는다. 만약 업을 선택하면 가장 큰 숫자를 묻고 1부터 그 숫자까지 출력하라. 다운을 선택하면 20 미만의 숫자를 요청하고 20부터 그 숫자까지 출력하라. 업 또는 다운이 아닌 다른 것을 선택하면 "I don't understand"를 출력하라.

044
파티에 몇 명을 초대하고 싶은지를 묻는다. 만약 10 미만을 입력하면 이름을 묻고 "[이름] has been invited"라고 출력하는 것을 입력한 숫자만큼 반복하라. 10 이상을 입력하면 "Too many people"이라는 메시지를 출력하라.

정답

```python
name = input("Type in your name: ")
for i in range(0, 3):
    print(name)
```

```python
name = input("Type in your name: ")
number = int(input("Enter a number: "))
for i in range(0, number):
    print(name)
```

```python
name = input("Enter your name: ")
for i in name:
    print(i)
```

```python
name = input("Enter your name: ")
num = int(input("Enter a number: "))
for x in range(0, num):
    for i in name:
        print(i)
```

```python
num = int(input("Enter a number between 1 and 12: "))
for i in range(1, 13):
    answer = i * num
    print(i, "x", num, "=", answer)
```

```python
num = int(input("Enter a number below 50: "))
for i in range(50, num - 1, -1):
    print(i)
```

```
name = input("Enter your name: ")
num = int(input("Enter a number: "))
if num < 10:
    for i in range(0, num):
        print(name)
else:
    for i in range(0, 3):
        print("Too high")
```

```
total = 0
for i in range(0, 5):
    num = int(input("Enter a number: "))
    ans = input("Do you want this number included? (y/n) ")
    if ans == "y":
        total = total + num
print(total)
```

```
direction = input("Do you want to count up or down? (u/d) ")
if direction == "u":
    num = int(input("What is the top number? "))
    for i in range(1, num + 1):
        print(i)
elif direction == "d":
    num = int(input("Enter a number below 20: "))
    for i in range(20, num - 1, -1):
        print(i)
else:
    print("I don't understand")
```

```
num = int(input("How many firends do you want to invite to the party? "))
if num < 10:
    for i in range(0, num):
        name = input("Enter a name: ")
        print(name, "has been invited")
else:
    print("Too many people")
```

while 루프

설명

while 루프는 조건에 충족할 때까지 알 수 없는 횟수만큼 코드를 반복할 수 있게 해준다. 100번이 될 수도 있고 한 번이 될 수도 있으며, 한 번도 실행되지 않을 수도 있다. while 루프에서는 코드가 실행되기 전에 조건을 검사한다. 이 말은 조건에 충족되지 않는다면 루프를 완전히 건너 뛸 수 있다는 의미다. 따라서 루프를 시작하기 전에 루프를 실행할 조건이 올바른지 확인하는 것이 중요하다.

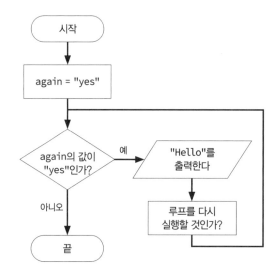

앞의 플로우 차트를 파이썬으로 작성하면 다음과 같다.

```
again = "yes"
while again == "yes":
    print("Hello")
    again = input("Do you want to loop again? ")
```

사용자가 **"yes"** 외의 다른 것을 입력할 때까지 이 코드는 반복할 것이다.

예제 코드

```
total = 0
while total < 100:
    num = int(input("Enter a number: "))
    total = total + num
print("The total is", total)
```

앞의 프로그램은 total이라는 변수를 생성하고 값을 0으로 저장
한다. 사용자에게 숫자를 입력하라고 요청하여 그 값을 total에
추가한다. total이 100 이상이 되면 루프 실행을 멈추고 total을
출력한다.

비교 연산자

연산자	설명
==	~와 같다
!=	~와 같지 않다
>	~보다 크다
<	~보다 작다
>=	~보다 크거나 같다
<=	~보다 작거나 같다

논리 연산자

연산자	설명
and	두 조건 모두 충족해야 한다
or	두 조건 중 하나라도 충족해야 한다

참고 텍스트 값은 따옴표로 표현해야 하고, 숫자 값은
따옴표로 표현하지 않아도 된다.

챌린지

045

total이라는 변수를 0으로 설정한다. total의 값이 50 이하이면 사용자에게 숫자를 입력하라고 요청한다. 입력된 숫자를 total에 더하고 "The total is... [total]"이라는 메시지를 출력한다. total의 값이 50을 넘으면 루프를 멈추는 프로그램을 작성하라.

046

사용자에게 숫자를 입력하라고 요청한다. 입력한 값이 5를 넘을 때까지 숫자를 입력하라고 요청하며, 5를 넘으면 "The last number you entered was a [숫자]"를 출력하고 프로그램을 종료하라.

047

사용자에게 숫자를 입력하라고 요청한 다음에 다른 숫자를 입력하라고 하자. 두 숫자들을 더한 뒤, 또 다른 숫자를 더하고 싶은지 묻고 "y"라고 입력하면 다른 숫자를 입력받아 더하고 다시 같은 질문을 한다. "y"가 아닌 답을 하면 루프를 종료하고 총합을 출력하라.

048

사용자가 파티에 초대하고 싶은 사람의 이름을 입력하라고 요청한다. 그 다음에, "[이름] has now been invited"라는 메시지를 출력하고 카운트에 1을 더한다. 다른 사람을 더 초대하고 싶은지를 묻고 더 이상 파티에 초대하고 싶은 사람이 없을 때까지 반복한다. 초대하고 싶은 사람이 없다면 몇 명이 파티에 참석하는지를 표시하라.

049

compnum이라는 이름의 변수를 생성하고 50을 설정한다. 사용자에게 숫자를 입력하라고 요청하고 입력한 값이 compnum과 동일하지 않다면 입력한 값이 높은지 낮은지를 알려주고 다시 맞춰보라고 묻는다. 만약 compnum의 값과 일치하면 "Well done, you took [카운트] attempts"라는 메시지를 출력하라.

050

사용자에게 10과 20 사이의 숫자를 입력하라고 요청한다. 입력한 숫자가 10 이하이면 "Too low"라는 메시지를 출력하고 다시 입력하라고 요청한다. 만약 20 이상이면 "Too high"라는 메시지를 출력하고 다시 입력하라고 요청한다. 사용자가 10과 20 사이의 값을 입력할 때까지 이 과정을 반복하고, 10과 20 사이의 값을 입력하면 "Thank you"라는 메시지를 출력하라.

051

"10 green bottles" 노래*를 이용하여 "There are [숫자] green bottles hanging on the wall, [숫자] green bottles hanging on the wall, and if 1 green bottle should accidentally fall"이라는 가사를 출력하고, "how many green bottles will be hanging on the wall?"이라고 질문한다. 만약 사용자가 맞히면 "There will be [숫자] green bottles hanging on the wall"이라는 메시지를 출력하고, 틀리면 "No, try again" 메시지를 출력한 뒤 맞출 때까지 반복한다. green bottle의 개수가 0이 되면 "There are no more green bottles hanging on the wall"이라는 메시지를 출력하고 종료한다.

★ [옮긴이] 영국에서 유명한 동요

정답

🐍 045   — □ ×

```python
total = 0
while total <= 50:
    num = int(input("Enter a number: "))
    total = total + num
    print("The total is...", total)
```

🐍 046   — □ ×

```python
num = 0
while num <= 5:
    num = int(input("Enter a number: "))
print("The last number you entered was a", num)
```

🐍 047   — □ ×

```python
num1 = int(input("Enter a number: "))
total = num1
again = "y"
while again == "y":
    num2 = int(input("Enter another number: "))
    total = total + num2
    again = input("Do you want to add another number? (y/n) ")
print("The total is", total)
```

🐍 048   — □ ×

```python
again = "y"
count = 0
while again == "y":
    name = input("Enter a name of somebody you want to invite to your party: ")
    print(name, "has been invited")
    count = count + 1
    again = input("Do you want to invite somebody else? (y/n) ")
print("You have", count, "people coming to your party")
```

049

```
compnum = 50
guess = int(input("Can you guess the number I am thinking of? "))
count = 1
while guess != compnum:
    if guess < compnum:
        print("Too low")
    else:
        print("Too high")
    count = count + 1
    guess = int(input("Have another guess: "))
print("Well done, you took", count, "attempts")
```

050

```
num = int(input("Enter a number between 10 and 20: "))
while num < 10 or num > 20:
    if num < 10:
        print("Too low")
    else:
        print("Too high")
    num = int(input("Try again: "))
print("Thank you")
```

051

```
num = 10
while num > 0:
    print("There are", num, "green bottles hanging on the wall.")
    print(num, "green bottles hanging on the wall.")
    print("And if 1 green bottle should accidentally fall,")
    num = num - 1
    answer = int(input("How many green bottles will be hanging on the wall? "))
    if answer == num:
        print("There will be", num, "green bottles hanging on the wall")
    else:
        while answer != num:
            answer = int(input("No try again: "))
print("There are no more green bottles hanging on the wall.")
```

랜덤

설명

파이썬은 랜덤(random) 값을 생성할 수 있다. 사실, 완벽한 랜덤 값을 만드는 컴퓨터는 없다. 대신에 믿을 수 없을 정도로 복잡한 알고리즘을 사용하여 정확하게 예측할 수 없는 결과를 만들기 때문에 사실상 random 함수처럼 작동한다.

랜덤 값은 두 종류가 있으며, 다음과 같다.

- 특정 범위 내에서의 무작위 값
- 입력된 항목들의 범위 내에서의 무작위 선택

이들을 사용하려면 random 라이브러리를 임포트해야 한다. 프로그램 시작 부분에 import random을 입력하면 된다.

예제 코드

```
import random
```
프로그램 시작 부분에 이렇게 입력해야 한다. 그렇지 않으면 random 함수를 사용할 수 없을 것이다.

```
num = random.random()
```
0과 1 사이의 임의의 부동소수점 수를 생성하여 'num'이라는 이름의 변수에 저장한다. 만약 더 큰 값을 얻고자 한다면 다음과 같이 곱하면 된다.

```
import random
num = random.random()
num = num * 100
print(num)
```

```
num = random.randint(0, 9)
```
0과 9(포함) 사이의 임의의 정수를 선택한다.

```
num1 = random.randint(0, 1000)
num2 = random.randint(0, 1000)
newrand = num1 / num2
print(newrand)
```
두 개의 큰 범위(여기서는 0에서 1000 사이) 내의 임의의 정수 두 개를 생성하고, 하나의 정수를 다른 정수로 나누어 임의의 부동소수점 수를 생성한다.

```
num = random.randrange(0, 100, 5)
```
0부터 5씩 증가하여 100(포함)까지의 숫자들 중에 임의의 숫자를 선택한다. 즉, 여기서 선택되는 숫자는 0, 5, 10, 15, 20 등이 된다.

지금까지 잘하고 있어요!

```
colour = random.choice(["red", "black", "green"])
```
"red", "black" 또는 "green" 중에서 하나를 임의로 선택하여 "colour"라는 변수에 저장한다. 문자열은 따옴표로 감싸야 하지만, 숫자는 그렇지 않다는 것을 기억하자.

챌린지

052

1부터 100(포함) 사이의 임의의 정수를 출력하라.

053

다섯 개의 과일 이름들의 목록에서 임의의 과일을 출력하라.

054

앞면과 뒷면('h' 그리고 't') 중 임의로 선택한다. 사용자에게 어떤 것을 고를지를 요청한다. 만약 사용자의 선택과 임의로 선택한 값이 서로 같으면 "You win" 메시지를 출력하고, 그렇지 않다면 "Bad luck" 메시지를 출력하라. 마지막에 컴퓨터가 선택한 것이 무엇인지를 사용자에게 알려줘라.

055

1과 5 사이의 숫자를 임의로 선택한다. 사용자에게 숫자를 선택하라고 요청한다. 입력한 값이 맞으면 "Well done" 메시지를 출력하고, 그렇지 않으면 선택한 숫자가 너무 높은지 아니면 너무 낮은지를 알려주고 다시 숫자를 입력하라고 한다. 다시 입력한 숫자가 맞으면 "Correct"라고 출력하고, 그렇지 않다면 "You lose"라고 출력하라.

056

1과 10 사이의 정수를 임의로 선택한다. 사용자에게 숫자를 입력하라고 요청하고 임의로 선택한 숫자를 입력할 때까지 계속 숫자를 입력하게 하라.

057

056번 프로그램을 업데이트하여 사용자가 입력한 숫자가 큰지 작은지를 알려주고 다시 숫자를 고르게 하라.

058

임의로 생성된 두 개의 정수를 더하는 다섯 개의 질문(즉, [숫자1] + [숫자2])이 나오는 수학 퀴즈를 만들자. 사용자에게 답을 입력하라고 요청하고 정답을 맞히면 점수를 증가하라. 퀴즈가 끝나면 다섯 문제 중에 몇 개를 맞혔는지 출력하라.

059

다섯 개의 색상을 표시하고 그들 중 하나를 사용자에게 선택하라고 요청한다. 만약 프로그램이 선택한 것과 동일하면 "Well done"이라고 출력하고, 그렇지 않다면 컴퓨터가 선택한 색상이 포함된 위트 있는 문장을 출력하라. 예: "I bet you are GREEN with envy" 또는 "You are probably feeling BLUE right now". 다시 맞혀 보라고 사용자에게 색상을 입력하라고 한다. 사용자가 맞힐 때까지 이 작업을 반복한다.

정답

052   — □ ×

```
import random
num = random.randint(1, 100)
print(num)
```

053   — □ ×

```
import random
fruit = random.choice( ['apple', 'orange', 'grape', 'banana', 'strawberry'] )
print(fruit)
```

054   — □ ×

```
import random
coin = random.choice( ["h", "t"] )
guess = input("Enter (h)eads or (t)ails: ")
if guess == coin:
    print("You win")
else:
    print("Bad luck")
if coin == "h":
    print("It was heads")
else:
    print("It was tails")
```

055   — □ ×

```
import random
num = random.randint(1, 5)
guess = int(input("Enter a number: "))
if guess == num:
    print("Well done")
elif guess > num:
    print("Too high")
    guess = int(input("Guess again: "))
    if guess == num:
        print("Correct")
    else:
        print("You lose")
elif guess < num:
    print("Too low")
    guess = int(input("Guess again: "))
    if guess == num:
        print("Correct")
    else:
        print("You lose")
```

056

```
import random
num = random.randint(1, 10)
correct = False
while correct == False:
    guess = int(input("Enter a number: "))
    if guess == num:
        correct = True
```

057

```
import random
num = random.randint(1, 10)
correct = False
while correct == False:
    guess = int(input("Enter a number: "))
    if guess == num:
        correct = True
    elif guess > num:
        print("Too high")
    else:
        print("Too low")
```

058

```
import random
score = 0
for i in range(1, 6):
    num1 = random.randint(1, 50)
    num2 = random.randint(1, 50)
    correct = num1 + num2
    print(num1, "+", num2, "= ")
    answer = int(input("Your answer: "))
    print()
    if answer == correct:
        score = score + 1
print("You scored", score, "out of 5")
```

059

```
import random

colour = random.choice( ["red", "blue", "green", "white", "pink"] )
print("Select from red, blue, green, white or pink")
tryagain = True
while tryagain == True:
```

```
theirchoice = input("Enter a colour: ")
theirchoice = theirchoice.lower()
if colour == theirchoice:
    print("Well done")
    tryagain = False
else:
    if colour == "red":
        print("I bet you are seeing RED right now!")
    elif colour == "blue":
        print("Don't feel BLUE")
    elif colour == "green":
        print("I bet you are GREEN with envy right now.")
    elif colour == "white":
        print("Are you WHITE as a sheet, as you didn't guess correctly?")
    elif colour == "pink":
        print("Shame you are not feeling in the PINK, as you got it wrong!")
```

터틀 그래픽

설명

파이썬에서는 **터틀(turtle)**을 사용하여 그림을 그릴 수 있다. 명령을 입력하고 루프를 이용하면 복잡한 패턴을 만들 수 있다. 작동 방식은 다음과 같다.

터틀은 여러분이 정의한 경로를 따라 이동하며, 그 뒤로 펜 표시를 남긴다. 터틀을 조정하면 지나온 경로가 나타난다. 다음은 오각형을 그리는 코드다.

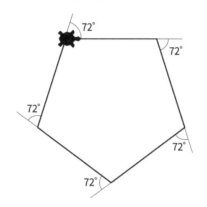

```python
import turtle

turtle.shape("turtle")

for i in range(0, 5):
    turtle.forward(100)
    turtle.right(72)

turtle.exitonclick()
```

이렇게 단순한 모양을 결합하고 **중첩 루프(nesting loop)**(즉, 루프 안에 다른 루프)를 이용하면 아름다운 패턴을 매우 쉽게 만들 수 있다.

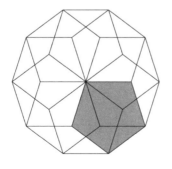

```python
import turtle

for i in range(0, 10):
    turtle.right(36)
    for j in range(0, 5):
        turtle.forward(100)
        turtle.right(72)

turtle.exitonclick()
```

앞의 패턴에서 하나의 오각형은 중심점을 기준으로 36도씩 회전하면서 10회 반복하여 그려졌다.

참고 앞의 그림에서는 독자가 알아볼 수 있도록 오각형들 중 하나를 강조하여 표현하였지만, 실제로 코드를 실행하면 강조되지 않는다.

예제 코드

import turtle

turtle 함수를 사용할 수 있도록 해주는 파이썬의 turtle 라이브러리를 임포트 하기 위하여 프로그램의 시작 부분에 이 코드가 포함되어야 한다.

scr = turtle.Screen()

윈도우를 'scr'이라는 이름으로 정의한다. 이것은 윈도우를 참조해야 할 때마다 전체 이름*이 아닌 'scr'이라는 이름을 사용할 수 있다는 의미다.

★ [옮긴이] turtle.Screen( )

scr.bgcolor("yellow")

화면의 배경색을 노란색으로 설정한다. 배경색을 변경하지 않는다면 디폴트 배경색은 흰색이다.

turtle.penup()

터틀이 움직여도 흔적을 남기지 않도록 페이지에서 펜을 제거한다.

turtle.pendown()

터틀이 움직일 때 뒤에 흔 적을 남기도록 페이지에 펜을 놓는다. 별도로 지정 하지 않는 한, 디폴트는 펜 이 페이지에 놓인 상태다.

turtle.pensize(3)

터틀의 펜 사이즈(그려지는 선의 두께)를 3으로 변경한다. 별도로 변경하지 않는다면 디폴트 사이즈는 1이다.

turtle.left(120)

터틀을 왼쪽(시계 반대 방향)으로 120° 회전시킨다.

turtle.right(90)

터틀을 오른쪽(시계 방향) 으로 90° 회전시킨다.

turtle.forward(50)

터틀을 50칸 앞으로 움직인다.

turtle.shape("turtle")

터틀의 모양을 거북이 모양(🐢)으로 변경한다. 터틀의 디폴트 모양은 작은 화살표 모양(▶)이다.

turtle.hideturtle()

화면에 터틀이 표시되지 않도록 감춘다.

turtle.begin_fill()

도형을 그리는 코드 앞에 입력하면 그리는 모양 안을 채우기 시작한다.

turtle.showturtle()

화면에 터틀을 표시한다. 별도 로 지정하지 않는다면 디폴트 로 터틀을 표시된다.

turtle.end_fill()

도형을 그리는 코드 뒤에 입력하여 안을 채우는 작업이 중지되도록 파이썬에게 알려준다.

turtle.color("black", "red")

도형을 채우는 색상을 정의한다. 이 예제에서는 검정색 외곽선과 빨간색 채우기가 적용된다. 이 코드는 모양을 그리기 전에 입력되어야 한다.

turtle.exitonclick()

사용자가 터틀 윈도우를 클릭하면 윈도우가 자동으로 닫힌다.

챌린지

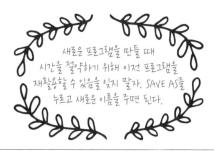
새로운 프로그램을 만들 때 시간을 절약하기 위해 이전 프로그램을 재활용할 수 있음을 잊지 말자. SAVE AS를 누르고 새로운 이름을 주면 된다.

060
정사각형을 그려라.

061
삼각형을 그려라.

062
원을 그려라.

063
서로 붙어 있지 않은 세 개의 정사각형을 그려라. 세 개의 정사각형을 서로 다른 색상으로 채워라.

065
숫자 1의 밑에서부터 그리기 시작하여 다음의 그림처럼 숫자를 그려라.

064
다섯 개의 꼭짓점이 있는 별 모양을 그려라.

066
각 선 색상을 다르게 하여(여섯 개의 색상 목록에서 무작위로 선택하여) 팔각형을 그려라.

여러분의 프로그래밍 기술은 챌린지를 완료할 때마다 성장하고 있어요.

067
다음의 패턴을 만들어라.

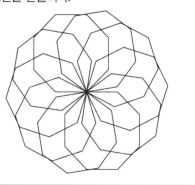

068
프로그램이 시작할 때마다 변경되는 패턴을 그려라. random 함수를 사용하여 선의 개수와 각 선의 길이, 그리고 회전 각도를 선택하라.

정답

```python
import turtle

for i in range(0, 4):
    turtle.forward(100)
    turtle.right(90)

turtle.exitonclick()
```

```python
import turtle

for i in range(0, 3):
    turtle.forward(100)
    turtle.right(120)

turtle.exitonclick()
```

```python
import turtle

for i in range(0, 360):
    turtle.forward(1)
    turtle.right(1)

turtle.exitonclick()
```

```python
import turtle

turtle.color("black", "red")
turtle.begin_fill()
for i in range(0, 4):
    turtle.forward(70)
    turtle.right(90)
turtle.penup()
turtle.end_fill()
turtle.forward(100)

turtle.pendown()
turtle.color("black", "yellow")
```

```
turtle.begin_fill()
for i in range(0, 4):
    turtle.forward(70)
    turtle.right(90)
turtle.penup()
turtle.end_fill()
turtle.forward(100)

turtle.pendown()
turtle.color("black", "green")
turtle.begin_fill()
for i in range(0, 4):
    turtle.forward(70)
    turtle.right(90)
turtle.end_fill()

turtle.exitonclick()
```

🐍 064   — □ ×

```
import turtle

for i in range(0, 5):
    turtle.forward(100)
    turtle.right(144)

turtle.exitonclick()
```

🐍 065   — □ ×

```
import turtle

turtle.left(90)
turtle.forward(100)
turtle.right(90)
turtle.penup()
turtle.forward(50)
turtle.down()
turtle.forward(75)
turtle.right(90)
turtle.forward(50)
turtle.right(90)
turtle.forward(75)
turtle.left(90)
turtle.forward(50)
turtle.left(90)
turtle.forward(75)
turtle.penup()
```

```
turtle.forward(50)
turtle.pendown()
turtle.forward(75)
turtle.left(90)
turtle.forward(50)
turtle.left(90)
turtle.forward(45)
turtle.left(180)
turtle.forward(45)
turtle.left(90)
turtle.forward(50)
turtle.left(90)
turtle.forward(75)

turtle.hideturtle()

turtle.exitonclick()
```

🐍 066   — □ ×

```
import turtle
import random

turtle.pensize(3)

for i in range(0, 8):
    turtle.color(random.choice( ["red", "blue", "yellow",
                                 "green", "pink", "orange"] ))
    turtle.forward(50)
    turtle.right(45)

turtle.exitonclick()
```

🐍 067   — □ ×

```
import turtle

for x in range(0, 10):
    for i in range(0, 8):
        turtle.forward(50)
        turtle.right(45)
    turtle.right(36)

turtle.hideturtle()

turtle.exitonclick()
```

```
import turtle
import random

lines = random.randint(5, 20)

for x in range(0, lines):
    length = random.randint(25, 100)
    rotate = random.randint(1, 365)
    turtle.forward(length)
    turtle.right(rotate)

turtle.exitonclick()
```

챌린지 069~079 튜플과 리스트 그리고 딕셔너리

설명

지금까지 우리는 단일 데이터를 저장하는 변수를 사용했다. random.choice(["red","blue", "green"]) 코드를 사용하면 항목들의 목록에서 임의의 항목을 선택하게 된다. 이것은 하나의 항목(여기서는 색상들의 모음)이 여러 개의 개별 데이터를 보유할 수 있다는 것을 보여준다.

데이터 모음을 하나의 항목으로 저장하는 방법에는 여러 가지가 있다. 다음은 그것들 중에서 상대적으로 간단한 세 가지다.

- 튜플(tuple)
- 리스트(list)
- 딕셔너리(dictionary)

튜플

튜플(tuple)을 한번 정의했다면 그 안에 저장된 내용을 변경할 수 없다. 이 말은 프로그램을 작성할 때 튜플에 저장되는 데이터가 무엇인지 명시해야 하며, 프로그램이 실행되는 동안에 변경할 수 없다는 의미다. 일반적으로 튜플은 변경될 필요가 없는 메뉴 항목들에 사용된다.

리스트

리스트(list)의 항목은 프로그램이 실행되는 동안에 변경될 수 있으며, 파이썬에서 리스트는 데이터 모음을 하나의 변수 이름으로 저장하는 가장 일반적인 방법 중 하나다. 리스트의 데이터는 모두 동일한 데이터 타입일 필요는 없다. 예를 들어, 하나의 리스트에 문자열과 정수를 같이 저장할 수 있다. 하지만 이것은 나중에 문제가 발생할 수 있기 때문에 추천하지는 않는다.

> **참고** 다른 프로그래밍 언어들에는 데이터 모음을 담는 변수를 설명하기 위해 **배열(array)**이라는 용어를 종종 사용하며, 이것은 파이썬의 리스트와 유사한 방식으로 작동한다. 파이썬에도 배열이라는 이름의 데이터 타입이 있지만, 이것은 숫자를 저장하는 데만 사용된다. 우리는 64페이지 '숫자 배열' 챌린지에서 자세히 살펴볼 것이다.

딕셔너리

딕셔너리(dictionary)의 항목 역시 프로그램이 실행되는 동안에 변경될 수 있다. 각 값에는 데이터를 식별하는 데 도움이 되는 인덱스(index) 또는 여러분이 정의할 수 있는 키(key)가 주어진다. 항목의 위치가 변경됨과 동시에 바뀌는 리스트와는 달리, 이 인덱스는 다른 데이터가 추가되거나 삭제되어도 변경되지 않는다.

너무 혼란스러워하지 마세요.
각 프로그램에 대해 이전 프로그램에서
이미 습득한 부분들을 구분하고,
배우고 있는 새로운 기술을 추가하여
만들어 보세요.

예제 코드

```
fruit_tuple = ("apple","banana","strawberry","orange")
```
네 종류의 과일을 저장하는'fruit_tuple'이라는 이름의 변수를 생성한다. 소괄호는 이 모음을 튜플로 정의하는 것이므로 프로그램이 실행되는 동안에 이 데이터 모음의 항목을 변경할 수 없다.

```
print(fruit_tuple.index("strawberry"))
```
"strawberry" 항목의 인덱스(즉, 숫자 키)를 출력한다. 이 예제에서는 숫자 2를 반환할 것이다. 파이썬에서 항목을 셀 때 1이 아닌 0부터 시작한다.

```
print(fruit_tuple[2])
```
'fruit_tuple'에서 인덱스 2인 항목을 출력한다. 이 예제에서는 'strawberry'다.

```
names_list = ["John","Tim","Sam"]
```
이름에 대한 리스트를 만들고 'names_list'라는 이름의 변수에 저장한다. 대괄호는 이 데이터 모음을 리스트로 정의하는 것이므로 프로그램이 실행되는 동안에 항목이 변경될 수 있다.

```
del names_list[1]
```
'names_list'에서 인덱스 1인 항목을 삭제한다. 인덱스는 1이 아닌 0부터 시작한다는 것을 기억하자. 이 예제에서는 리스트의 'Tim'을 삭제할 것이다.

```
names_list.append(input("Add a name: "))
```
사용자에게 이름을 입력하라고 요청하고, 입력된 이름을 'names_list' 리스트의 끝에 추가한다.

```
print(sorted(names_list))
```
names_list를 알파벳 순서로 표시하지만 원래의 리스트 순서를 변경하진 않는다. 다시 말해, 리스트 내의 원래 순서는 계속 그대로 유지된다. 만약 문자열과 숫자 데이터처럼 서로 다른 타입의 데이터가 리스트에 저장되어 있다면, 이 함수는 작동하지 않는다.

```
names_list.sort()
```
name_list의 항목을 알파벳 순서로 정렬하고 새롭게 정렬된 리스트를 저장한다. 만약 리스트에 서로 다른 데이터 타입의 데이터(예를 들어, 문자열과 숫자 데이터)가 저장되어 있다면 이 함수는 작동하지 않을 것이다.

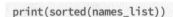

```
colours = {1:"red",2:"blue",3:"green"}
```
'colours'라는 이름의 딕셔너리를 생성하며, 각 항목에 지정한 인덱스가 할당된다. 각 블록의 첫 번째 항목은 인덱스이며, 인덱스와 값은 콜론(:)으로 구분한다.

```
colours[2] = "yellow"
```
colours 딕셔너리의 인덱스 2에 저장된 데이터를 변경한다. 이 예제에서는 'blue'가 'yellow'로 바뀐다.

리스트는 가장 일반적인 데이터 구조들 중 하나이므로 리스트에 대한 예제 코드를 조금 더 살펴보자.

```
x = [154,634,892,345,341,43]
```
이것은 숫자를 담은 리스트를 생성한다.

참고 숫자 데이터를 포함하기 때문에 따옴표가 필요 없다.

```
print(len(x))
```
리스트의 길이(즉, 리스트에 포함된 항목의 개수)를 출력한다.

```
print(x[1:4])
```
이것은 1, 2, 3에 있는 데이터를 출력한다. 이 예제에서는 634, 892, 345다. 파이썬에서 인덱스는 0부터 시작한다는 것과 마지막 위치에 다다르면 최종 값을 표현하지 않고 종료한다는 것을 기억하자.

```
for i in x:
    print(i)
```
for 루프에서 리스트의 항목을 사용한다. 리스트의 항목을 각 행에 출력하고자 한다면 이 방법이 유용할 것이다.

```
num = int(input("Enter number: "))
if num in x:
    print(num,"is in the list")
else:
    print("Not in the list")
```
사용자에게 숫자를 입력하라고 요청하고 리스트에 있는 숫자인지 확인하여 적절한 메시지를 출력한다.

```
x.insert(2,420)
```
숫자 420을 인덱스 2에 추가한다. 기존의 항목들은 그 뒤로 밀린다. 이 작업은 리스트의 항목 인덱스를 변경시킬 것이다.

```
x.remove(892)
```
리스트에서 항목을 삭제한다. 이것은 해당 항목의 인덱스를 알지 못할 때 유용하다. 만약 그 데이터의 인스턴스가 한 개 이상이라면 첫 번째 인스턴스만 삭제된다.

```
x.append(993)
```
리스트의 끝에 숫자 993을 추가한다.

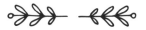

챌린지

069

다섯 개의 국가 이름을 담고 있는 튜플을 만들고 튜플 전체를 출력하라. 표시된 국가 이름들 중 하나를 입력하라고 사용자에게 요청하고, 입력된 국가 이름의 인덱스 번호(즉, 목록에서의 위치)를 출력하라.

070

사용자에게 숫자를 입력하라고 요청하고, 입력한 위치의 국가 이름이 출력되는 기능을 069번 프로그램에 추가하라.

071

두 개의 스포츠 이름을 담고 있는 리스트를 생성하라. 사용자에게 좋아하는 스포츠가 무엇인지 물어보고 그것을 리스트 끝에 추가하라. 리스트를 정렬하고 출력하라.

072

교과목 여섯 개가 담긴 리스트를 생성하라. 이들 중 사용자가 좋아하지 않는 과목을 묻고 그 과목을 리스트에서 삭제한 후에 리스트를 다시 출력하라.

073

사용자에게 좋아하는 음식 네 개를 입력하도록 요청하고 그것들은 인덱스 번호 1부터 시작하는 딕셔너리에 저장한다. 인덱스 번호와 항목이 모두 표시되도록 딕셔너리를 출력한다. 사용자에게 제거하고 싶은 항목을 묻고 그것을 제거한다. 남아 있는 데이터를 정렬하고 딕셔너리를 다시 출력하라.

074

열 개의 색상이 담긴 리스트를 생성한다. 사용자에게 0에서 4 사이의 시작 번호와 5에서 9 사이의 끝 번호를 입력하라고 요청하고, 입력된 시작 번호부터 끝 번호까지의 색상을 출력하라.

075

세 자리 숫자 네 개가 담긴 리스트를 생성한다. 리스트의 각 항목을 한 줄에 하나씩 출력하여 사용자에게 표시한다. 사용자에게 세 자리의 숫자를 입력하라고 요청한다. 만약 입력한 숫자가 리스트에 있는 숫자들 중 하나라면 리스트에 그 숫자가 위치한 인덱스를 출력하라. 그렇지 않다면 "That is not in the list"라는 메시지를 출력하라.

076

사용자에게 파티에 초대할 사람 3명의 이름을 입력하라고 요청하고 리스트에 저장한다. 모든 이름이 입력되면 추가할 사람이 있는지 묻는다. 만약 그렇다면 "n"이라고 답할 때까지 이름을 추가하게 한다. "n"이라고 입력하면 파티에 초대한 사람이 몇 명인지 표시하라.

077

076번 프로그램을 수정하여 초대할 사람들의 이름이 리스트에 모두 추가되면 전체 명단을 출력하고 리스트에 있는 이름들 중 하나를 입력하라고 요청한다. 입력된 이름의 위치(인덱스)를 출력하고 그 사람을 정말로 파티에 초대할 것인지를 묻는다. 만약 "n"이라고 답하면 그 항목을 리스트에서 삭제하고 리스트를 다시 출력한다.

절반이 넘었네요.
계속 나아가요. 여러분은 이미
많은 것을 배웠답니다.

078

네 개의 TV 프로그램 타이틀을 담은 리스트를 생성하고 각 항목을 한 줄씩 출력한다. 사용자에게 다른 프로그램을 입력하도록 요청하고 리스트에서의 원하는 위치를 묻는다. 입력한 프로그램 타이틀을 원하는 위치에 삽입하고 다섯 개의 TV 프로그램 모두를 다시 출력한다.

079

'nums'라는 이름의 빈 리스트를 생성한다. 사용자에게 숫자를 입력하라고 요청한다. 숫자가 입력되면 그것을 nums 리스트 끝에 추가하고 리스트를 출력한다. 세 개의 숫자를 입력받으면 마지막 숫자를 저장할 것인지 묻는다. 만약 "n"이라고 답하면 리스트의 마지막 항목을 삭제하고 리스트를 출력하라.

정답

```python
country_tuple = ("France", "England", "Spain", "Germany", "Australia")
print(country_tuple)
print()
country = input("Please enter one of the countries from above: ")
print(country, "has index number", country_tuple.index(country))
```

```python
country_tuple = ("France", "England", "Spain", "Germany", "Australia")
print(country_tuple)
print()
country = input("Please enter one of the countries from above: ")
print(country, "has index number", country_tuple.index(country))
print()
num = int(input("Enter a number between 0 and 4: "))
print(country_tuple[num])
```

```python
sports_list = ["tennis", "football"]
sports_list.append(input("What is your favourite sport? "))
sports_list.sort()
print(sports_list)
```

```python
subject_list = ["maths", "english", "computing", "history", "science", "spanish"]
print(subject_list)
dislike = input("Which of these subjects do you dislike? ")
getrid = subject_list.index(dislike)
del subject_list[getrid]
print(subject_list)
```

```python
food_dictionary = {}
food1 = input("Enter a food you like: ")
food_dictionary[1] = food1
food2 = input("Enter another food you like: ")
food_dictionary[2] = food2
food3 = input("Enter a third food you like: ")
food_dictionary[3] = food3
food4 = input("Enter one last food you like: ")
```

```
food_dictionary[4] = food4
print(food_dictionary)
dislike = int(input("which of these do you want to get rid of? "))
del food_dictionary[dislike]
print(sorted(food_dictionary.values()))
```

🐍 074 ─ □ ✕

```
colours = ["red", "blue", "green", "black", "white",
           "pink", "grey", "purple", "yellow", "brown"]
start = int(input("Enter a starting number (0-4): "))
end = int(input("Enter a end number (5-9): "))
print(colours[start:end])
```

🐍 075 ─ □ ✕

```
nums = [123, 345, 234, 765]
for i in nums:
    print(i)
selection = int(input("Enter a number from the list: "))
if selection in nums:
    print(selection, "is in position", nums.index(selection))
else:
    print("That is not in the list")
```

🐍 076 ─ □ ✕

```
name1 = input("Enter a name of somebody you want to invite to your party: ")
name2 = input("Enter another name: ")
name3 = input("Enter a third name: ")
party = [name1, name2, name3]
another = input("Do you want to invite another (y/n): ")
while another == "y":
    newname = party.append(input("Enter another name: "))
    another = input("Do you want to invite another (y/n): ")
print("You have", len(party), "people coming to your party")
```

🐍 077 ─ □ ✕

```
name1 = input("Enter a name of somebody you want to invite to your party: ")
name2 = input("Enter another name: ")
name3 = input("Enter a third name: ")
party = [name1, name2, name3]
another = input("Do you want to invite another (y/n): ")
while another == "y":
    newname = party.append(input("Enter another name: "))
    another = input("Do you want to invite another (y/n): ")
```

```
print("You have", len(party), "people coming to your party")
print(party)
selection = input("Enter one of the names: ")
print(selection, "is in position", party.index(selection), "on the list")
stillcome = input("Do you still want them to come (y/n): ")
if stillcome == "n":
    party.remove(selection)
print(party)
```

078 — □ ✕

```
tv = ["Task Master", "Top Gear", "The Big Bang Theory", "How I Met Your Mother"]
for i in tv:
    print(i)
print()
newtv = input("Enter another TV show: ")
position = int(input("Entr a number between 0 and 3: "))
tv.insert(position, newtv)
for i in tv:
    print(i)
```

079 — □ ✕

```
nums = []
count = 0
while count < 3:
    num = int(input("Enter a number: "))
    nums.append(num)
    print(nums)
    count = count + 1
lastnum = input("Do you want the last number saved (y/n): ")
if lastnum == "n":
    nums.remove(num)
print(nums)
```

다양한 문자열 처리

설명

문자열(string)은 계산 작업을 할 필요가 없는 문자들의 그룹에 대한 기술적 용어다. 예를 들어, "Hello"나 "7B"는 문자열이다.

다음은 name이라는 이름의 변수이며, "Simon" 값이 할당되었다.

```
name = "Simon"
```

"Simon"은 일련의 개별 문자들로 생각할 수 있으며, 각 문자는 인덱스로 식별할 수 있다.

인덱스	0	1	2	3	4
값	S	i	m	o	n

문자열의 인덱스는 리스트처럼 1이 아닌 0부터 시작한다는 점을 기억하자. 만약 문자열에 공백이 있다면 그 공백도 문자로 취급된다.

인덱스	0	1	2	3	4	5	6	7	8	9	10	11
값	H	e	l	l	o		W	o	r	l	d	!

이제 여러분은 리스트를 다루는 데 익숙해졌으니 문자열을 다루는 것에도 문제가 없을 것이다. 왜냐하면 리스트에서 사용한 것과 동일한 메서드를 사용하기 때문이다. 하지만 문자열을 처리할 때 유용한 코드를 추가로 살펴보자.

예제 코드

참고 다음의 예제에서 'msg'는 문자열을 담고 있는 변수 이름이다.

```python
if msg.isupper():
    print("Uppercase")
else:
    print("This is not in uppercase")
```

msg가 담고 있는 문자열이 대문자라면 "Uppercase"라는 메시지를 출력한다. 그렇지 않다면 "This is not in uppercase"라는 메시지가 출력된다.

```python
msg.islower()
```

isupper() 함수와는 반대로, 변수에 담겨 있는 값이 모두 소문자인지 확인하는 데 사용된다.

```python
msg="Hello"
for letter in msg:
    print(letter,end="*")
```

각 문자 사이에 '*'이 표시되도록 출력한다. 이 예제의 결과는 H*e*l*l*o*다.

이전에 배웠던 것을 잊었다면 언제든지 이전 내용을 찾아보세요.

챌린지

080

사용자에게 이름을 입력하라고 요청하고 입력된 이름의 길이를 출력한다. 그런 다음, 성을 입력하라고 요청하고 성의 길이를 출력한다. 성과 이름 사이에 공백 하나를 두어 결합하고 그 결과를 출력한다. 마지막으로, 공백을 포함한 전체 이름의 길이를 출력하라.

081

가장 좋아하는 과목 이름을 입력받고 각 문자 뒤에 '-'를 붙여서 출력하라.

082

시 한 구절을 사용자에게 표시하고 시작 인덱스와 마지막 인덱스를 입력하도록 요청한다. 입력한 두 값 사이의 문자를 출력하라.

083

사용자에게 대문자로 메시지를 입력하라고 요청한다. 만약 메시지에 소문자가 있다면 모두 대문자로 입력할 때까지 계속해서 다시 입력하라고 요청한다.

084

사용자에게 영어 단어를 입력하라고 요청한다. 처음 두 개의 문자만 대문자로 출력하라.

085

사용자의 이름을 입력하라고 요청한 뒤, 그 이름에 모음이 몇 개인지 출력하라.

086

사용자에게 새로운 비밀번호를 입력하라고 요청하고, 한 번 더 입력하라고 요청한다. 입력한 두 개의 비밀번호가 일치하면 "Thank you"라고 출력한다. 만약 입력한 문자는 서로 일치하는데 대소문자가 틀리다면 "They must be in the same case"라고 출력한다. 문자가 일치하지 않는다면 "Incorrect" 메시지를 출력하라.

087

단어를 입력하라고 요청한 뒤, 그 단어의 문자를 한 줄에 하나씩 거꾸로 출력하라. 예를 들어, 'Hello'라고 입력했다면 다음과 같이 출력되어야 한다.

```
Enter a word: Hello
o
l
l
e
H
>>>
```

정답

```python
fname = input("Enter your first name: ")
print("That has", len(fname), "characters in it")
sname = input("Enter your surname: ")
print("That has", len(sname), "characters in it")
name = fname + " " + sname
print("Your full name is", name)
print("That has", len(name), "characters in it")
```

```python
subject = input("Enter your favourite school subject: ")
for letter in subject:
    print(letter, end = "-")
```

```python
poem = "Oh, I wish I'd looked after me teeth,"
print(poem)
start = int(input("Enter a starting number: "))
end = int(input("Enter an end number: "))
print(poem[start:end])
```

```python
msg = input("Enter a message in uppercase: ")
tryagain = True
while tryagain == True:
    if msg.isupper():
        print("Thank you")
        tryagain = False
    else:
        print("Try again")
        msg = input("Enter a message in uppercase: ")
```

```python
word = input("English word: ")
start = word[0:2]
print(start.upper())
```

085

```
name = input("Enter your name: ")
count = 0
name = name.lower()
for x in name:
    if x == "a" or x == "e" or x == "i" or x == "o" or x == "u":
        count = count + 1
print("Vowels =", count)
```

086

```
pswd1 = input("Enter a password: ")
pswd2 = input("Enter it again: ")
if pswd1 == pswd2:
    print("Thank you")
elif pswd1.lower() == pswd2.lower():
    print("They must be the same case")
else:
    print("Incorrect")
```

087

```
word = input("Enter a word: ")
length = len(word)
num = 1
for x in word:
    position = length - num
    letter = word[position]
    print(letter)
    num = num + 1
```

숫자 배열

설명

우리는 앞에서 리스트에 대해 살펴보았다('튜플과 리스트 그리고 딕셔너리' 챌린지 참고). 리스트는 문자열과 숫자 등 서로 다른 타입의 데이터를 동시에 저장할 수 있다. 파이썬의 배열(array)은 리스트와 비슷하지만, 오직 숫자를 저장하는 데 사용된다. 어떤 종류의 숫자를 배열 안에 담아도 괜찮지만, 다음의 표에 설명된 것처럼 배열에 속한 데이터는 모두 동일한 데이터 타입이어야 한다.

타입 코드	이름	설명	바이트 크기
'i'	정수 (Integer)	파이썬 2에서는 –32,768에서 32,767 사이의 정수. 파이썬 3에서는 메모리가 허용하는 만큼의 무제한 정수.	2
'l'	롱 (Long)	파이썬 2에서는 –2,147,483,648에서 2,147,483,647 사이의 정수. 파이썬 3에서는 메모리가 허용하는 만큼의 무제한 정수.	4
'f'	부동소수점 (Floating-point)	약 -10^{308}에서 10^{308} 사이의 숫자로, 소수점 이하 자릿수를 허용한다. 즉, 소수점을 포함하는 최대 38개의 숫자를 허용하는 음수 또는 양수 값이다.	4
'd'	더블(Double)	-10^{308}에서 10^{308} 사이의 숫자로, 소수점 이하 자릿수를 허용한다.	8

배열을 생성할 때 그 배열에 담길 데이터 타입을 정의해야 한다. 이렇게 정의한 데이터 타입은 프로그램 실행 중에 변경할 수 없다. 여러분이 'i' 타입(-32,768에서 32,767 사이의 정수)으로 배열을 정의했다면 소수점이 있는 숫자는 그 배열에 추가할 수 없으며, 추가한다면 오류 메시지를 표시하고 프로그램이 중단된다.

> **참고** 다른 프로그래밍 언어에서의 배열은 모든 데이터 타입을 저장할 수 있도록 하지만, 파이썬에서의 배열은 오직 숫자만 저장하며 리스트는 모든 데이터 타입을 저장할 수 있게 한다. 여러 문자열을 저장하는 변수를 만들고 싶다면 파이썬에서는 배열이 아닌 리스트를 생성해야 한다.

예제 코드

```
from array import *
```
파이썬이 배열 라이브러리를 사용할 수 있도록 프로그램의 첫 번째 줄에
위치해야 한다.

```
nums = array('i',[45,324,654,45,264])
print(nums)
```
'nums'라는 이름의 배열을 생성한다. 정수 데이터 타입을 이용하며, 다섯 개의 항목이 배열에 있다. 이것은 다음과
같이 출력된다.

```
array('i', [45, 324, 654, 45, 264])
```

```
for x in nums:
    print(x)
```
각 항목을 한 줄씩 출력한다.

```
newValue = int(input("Enter number: "))
nums.append(newValue)
```
사용자에게 새로운 숫자를 입력하라고 요청하며, 입력된 값은 기존의 배열 끝에
추가된다.

```
nums.reverse()
```
배열의 순서를 반대로 한다.

```
nums = sorted(nums)
```
배열을 오름차순으로 정렬한다.

```
nums.pop()
```
배열의 마지막 항목을 제거한다.

```
newArray = array('i',[])
more = int(input("How many items: "))
for y in range(0,more):
    newValue=int(input("Enter num: "))
    newArray.append(newValue)
nums.extend(newArray)
```
정수 데이터 타입을 사용하는 'newArray'라는 이름의 빈 배열을 생성한다. 사용
자에게 몇 개의 항목을 추가할 것인지 묻고, 그만큼의 항목을 newArray에 추가
한다. 모든 항목을 추가했다면 newArray의 항목을 nums 배열과 결합한다.

```
getRid = int(input("Enter item index: "))
nums.remove(getRid)
```
사용자에게 제거할 항목을 입력하도록 요청한 다음, 입력한 값과 일치하는 첫 번째 항목을 배열에서 제거한다.

```
print(nums.count(45))
```
이것은 배열에서 45가 몇 개 들어 있는지를 출력한다.

챌린지

088
다섯 개의 정수를 입력받아 배열에 저장한다. 정렬을 한 후 역순으로 표시하라.

089
정수들을 저장할 배열을 생성한다. 임의의 수 다섯 개를 생성하고 배열에 저장한다. 배열의 항목을 한 줄에 하나씩 출력하라.

090
사용자에게 숫자를 입력하라고 요청한다. 10에서 20 사이의 숫자를 입력한다면 배열에 저장한다. 다른 값이라면 "Outside the range"라는 메시지를 출력한다. 다섯 개의 숫자가 입력되었다면 "Thank you" 메시지를 출력하고 배열의 항목을 한 줄에 하나씩 출력하라.

091
다섯 개의 숫자(이 숫자들 중 2개는 반복되어야 함)를 담고 있는 배열을 생성한다. 사용자에게 배열 전체를 출력한다. 사용자에게 배열 속에 있는 숫자들 중 하나를 입력하라고 요청한 뒤, 입력한 숫자가 리스트에 몇 개 있는지 메시지를 표시하라.

092
두 개의 빈 배열을 생성한다. 하나에는 사용자가 입력할 숫자 세 개를 담을 것이고, 다른 하나에는 다섯 개의 임의의 숫자를 담을 것이다. 두 개의 배열을 큰 배열 하나로 결합한다. 결합한 배열을 정렬하고 각 항목을 한 줄에 하나씩 출력하라.

계속 갈까요!

093
사용자에게 숫자 다섯 개를 입력하라고 요청한다. 입력된 숫자를 정렬하고 사용자에게 표시한다. 배열의 숫자들 중 하나를 고르라고 사용자에게 요청한다. 입력된 숫자를 배열에서 삭제하고 새로운 배열에 그 값을 저장하라.

094
다섯 개의 숫자들을 가진 배열을 출력한다. 숫자들 중 하나를 고르라고 사용자에게 요청한다. 사용자가 숫자를 고르면 그 항목의 위치(인덱스)를 출력한다. 만약 사용자가 입력한 숫자가 배열 안에 없다면 올바른 숫자를 입력할 때까지 다시 요청하라.

095
소수점 이하 두 자리가 있는 10과 100 사이의 숫자 다섯 개를 포함하는 배열을 생성한다. 사용자에게 2와 5 사이의 정수를 입력하도록 요청한다. 입력한 숫자가 범위에 없는 숫자라면 적절한 에러 메시지를 출력하고 다시 입력하라고 한다. 배열에 있는 각 숫자를 사용자가 입력한 숫자로 나누고 소수점 둘째 자리까지 표시하라.

정답

088

```
from array import *

nums = array('i', [])

for i in range(0, 5):
    num = int(input("Enter a number: "))
    nums.append(num)

nums = sorted(nums)
nums.reverse()

print(nums)
```

089

```
from array import *
import random

nums = array('i', [])

for i in range(0, 5):
    num = random.randint(1, 100)
    nums.append(num)

for i in nums:
    print(i)
```

090

```
from array import *

nums = array('i', [])

while len(nums) < 5:
    num = int(input("Enter a number between 10 and 20: "))
    if num >= 10 and num <= 20:
        nums.append(num)
    else:
        print("Outside the range")

for i in nums:
    print(i)
```

```python
from array import *

nums = array('i', [5, 7, 9, 2, 9])

for i in nums:
    print(i)

num = int(input("Enter a number: "))

if nums.count(num) == 1:
    print(num, "is in the list once")
else:
    print(num, "is in the list", nums.count(num), "times")
```

```python
from array import *
import random

num1 = array('i', [])
num2 = array('i', [])

for i in range(0, 3):
    num = int(input("Enter a number: "))
    num1.append(num)

for i in range(0, 5):
    num = random.randint(1, 100)
    num2.append(num)

num1.extend(num2)

num1 = sorted(num1)

for i in num1:
    print(i)
```

```python
from array import *

nums = array('i', [])

for i in range(0, 5):
    num = int(input("Enter a number: "))
    nums.append(num)

nums = sorted(nums)
```

```
for i in nums:
    print(i)

num = int(input("Select a number from the array: "))
if num in nums:
    nums.remove(num)
    num2 = array('i', [])
    num2.append(num)
    print(nums)
    print(num2)
else:
    print("That is not a value in the array")
```

094

```
from array import *

nums = array('i', [4, 6, 8, 2, 5])

for i in nums:
    print(i)

num = int(input("Select a number from the array: "))

tryagain = True
while tryagain == True:
    if num in nums:
        print("This is in position", nums.index(num))
        tryagain = False
    else:
        print("Not in array")
        num = int(input("Select one of the  numbers: "))
```

095

```
from array import *
import math

nums = array('f', [34.75, 27.23, 99.58, 45.26, 28.65])
tryagain = True
while tryagain == True:
    num = int(input("Enter a number between 2 and 5: "))
    if num < 2 or num > 5:
        print("Incorrect value, try again.")
    else:
        tryagain = False

for i in range(0, 5):
    ans = nums[i] / num
    print(round(ans, 2))
```

2차원 리스트와 딕셔너리

 설명

기술적으로 파이썬에서 2차원 배열을 생성하는 것은 가능하지만 파이썬 배열은 숫자를 저장하는 것으로 제한되어 있다. 또한, 대부분의 파이썬 프로그래머는 리스트를 가지고 작업하는 것이 더 익숙하기 때문에 2차원 배열은 거의 사용되지 않으며 **2차원 리스트(2D list)**가 훨씬 더 일반적으로 사용된다.

여러분이 선생님이라고 상상해 보자. 또한, 네 명의 학생이 있으며 그들에게 세 가지 과목을 가르친다고 해보자. 여러분이 성실한 선생님이라면 각 과목에 대한 학생들의 성적을 기록해야 하므로 다음과 같이 종이에 간단한 표를 만들 수 있을 것이다.

	Maths	English	French
Susan	45	37	54
Peter	62	58	59
Mark	49	47	60
Andy	78	83	62

2차원 리스트도 비슷한 방식으로 작동한다.

	0	1	2
0	45	37	54
1	62	58	59
2	49	47	60
3	78	83	62

파이썬에서 2차원 리스트에 대한 코드는 다음과 같다.

```
grades = [[45, 37, 54], [62, 58, 59], [49, 47, 60], [78, 83, 62]]
```

다른 방법으로, 표준 파이썬 컬럼 인덱스 번호를 사용하고 싶지 않다면 다음과 같이 딕셔너리를 사용할 수 있다.

```
grades = [{"Ma":45, "En":37, "Fr":54}, {"Ma":62, "En":58, "Fr":59},
          {"Ma":49, "En":47, "Fr":60}, {"Ma":78, "En":83, "Fr":62}]
print(grades[0]["En"])
```

이 프로그램은 인덱스 번호 0인 학생의 영어 성적인 37을 출력할 것이며, 데이터를 더욱 이해하기 쉽게 만들 수 있다.

더 나아가 다음과 같이 행 인덱스를 추가할 수도 있다.

```
grades = {"Susan":{"Ma":45, "En":37, "Fr":54}, "Peter":{"Ma":62, "En":58, "Fr":59}}
print(grades["Peter"]["En"])
```

이 코드는 Peter의 영어 성적인 58을 출력할 것이다.

예제 코드

```
simple_array = [[2,5,8],[3,7,4],[1,6,9]]
```
행과 열에 표준 파이썬 인덱스를 사용하여 오른쪽 그림처럼 2차원 리스트를 생성한다.

	0	1	2
0	2	5	8
1	3	7	4
2	1	6	9

```
print(simple_array)
```
2차원 리스트에 있는 모든 데이터를 출력한다.

```
print(simple_array[1])
```
1행에 있는 데이터를 출력한다. 이 예제에서는 [3, 7, 4]이다.

```
simple_array[2][1]= 5
```
2행 1열에 있는 데이터의 값을 5로 변경한다.

```
print(simple_array[1][2])
```
1행 2열에 있는 데이터의 값인 4를 출력한다.

```
simple_array[1].append(3)
```
1행의 데이터 끝에 값 3을 추가한다. 이 예제에서는 [3, 7, 4, 3]이 된다.

	x	y	z
A	54	82	91
B	75	29	80

```
data_set = {"A":{"x":54,"y":82,"z":91},"B":{"x":75,"y":29,"z":80}}
```
행과 열에 대하여 사용자가 정의한 레이블을 사용하는 2차원 딕셔너리를 생성한다.

```
print(data_set["A"])
```
"A" 데이터 셋의 데이터를 출력한다.

```
print(data_set["B"]["y"])
```
"B"행 "y"열의 데이터를 출력한다.

```
for i in data_set:
    print(data_set [i]["y"])
```
각 행의 "y"열 데이터를 출력한다.

```
data_set["B"]["y"] = 53
```
"B"행 "y"열의 데이터를 53으로 변경한다.

```
grades[name]={"Maths":mscore,"English":escore}
```
2차원 딕셔너리에 데이터를 추가한다. 여기서 name은 행 인덱스가 되며, Maths와 English는 열 인덱스가 된다.

```
for name in grades:
    print((name),grades[name]["English"])
```
각 학생의 이름과 영어 점수를 출력한다.

```
del list[getRid]
```
선택된 항목을 삭제한다.

챌린지

096

표준 파이썬 인덱스를 사용하는 간단한 2차원 리스트로 다음의 데이터를 생성하라.

	0	1	2
0	2	5	8
1	3	7	4
2	1	6	9
3	4	2	0

097

사용자에게 행과 열을 선택하라고 요청하고, 096번 프로그램의 2차원 리스트를 이용하여 해당 값을 출력하라.

098

096번 프로그램의 2차원 리스트를 이용하여 사용자에게 표시할 행을 요청하고 그 행을 출력한다. 새로운 값을 입력하라고 요청하고 그것을 표시한 행에 추가하고 그 행을 다시 출력하라.

099

이전 프로그램을 변경하여 어떤 행을 출력할지 사용자에게 묻는다. 입력받은 행을 출력한다. 열을 선택하라고 요청하고 그 행에서의 해당 열을 출력한다. 그 값을 변경하고 싶은지 사용자에게 묻고, 그러길 원한다면 새로운 값을 입력받아 변경한다. 마지막으로 그 행 전체를 다시 출력하라.

100

2차원 딕셔너리를 사용하여 각 사람이 서로 다른 지역에서 만든 매출을 보여주는 다음의 데이터를 생성하라.

	N	S	E	W
John	3056	8463	8441	2694
Tom	4832	6786	4737	3612
Anne	5239	4802	5820	1859
Fiona	3904	3645	8821	2451

101

100번 프로그램을 사용하여 사용자에게 이름과 지역을 입력하라고 요청하고 그와 관련된 데이터를 출력한다. 사용자에게 변경하려는 데이터의 이름과 지역을 사용자에게 묻고 매출 수치를 변경할 수 있도록 한다. 선택한 이름에 대한 모든 지역의 매출을 출력하라.

102

네 명의 이름과 나이, 신발 사이즈를 입력하라고 요청한다. 입력된 이름들 중 하나를 입력하라고 요청하고 입력된 이름의 나이와 신발 사이즈를 출력하라.

103

102번 프로그램을 수정하여 모든 사람의 이름과 나이를 출력하라. 단, 신발 사이즈는 출력하지 않는다.

104

네 명의 이름과 나이 그리고 신발 사이즈를 입력받은 후, 목록에서 제거하고 싶은 사람의 이름을 입력하라고 한다. 입력된 이름의 데이터를 삭제하고 나머지 데이터를 한 줄에 하나씩 출력하라.

정답

```
list = [[2, 5, 8], [3, 7, 4], [1, 6, 9], [4, 2, 0]]
```

```
list = [[2, 5, 8], [3, 7, 4], [1, 6, 9], [4, 2, 0]]
row = int(input("Select a row: "))
col = int(input("Select a column: "))
print(list[row][col])
```

```
list = [[2, 5, 8], [3, 7, 4], [1, 6, 9], [4, 2, 0]]
row = int(input("Select a row: "))
print(list[row])
newvalue = int(input("Enter a new number: "))
list[row].append(newvalue)
print(list[row])
```

```
list = [[2, 5, 8], [3, 7, 4], [1, 6, 9], [4, 2, 0]]
row = int(input("Select a row: "))
print(list[row])
col = int(input("Select a column: "))
print(list[row][col])
change = input("Do you want to change the value? (y/n) ")
if change == "y":
    newvalue = int(input("Enter new value: "))
    list[row][col] = newvalue
print(list[row])
```

```
sales = {"John":{"N":3056, "S":8463, "E":8441, "W":2694},
         "Tom":{"N":4832, "S":6786, "E":4737, "W":3612},
         "Anne":{"N":5239, "S":4802, "E":5820, "W":1859},
         "Fiona":{"N":3904, "S":3645, "E":8821, "W":2451}}
```

참고 코드를 더 쉽게 읽을 수 있도록 별도의 행으로 데이터를 분리하였다. 중괄호 안에 있다면 이렇게 분리하여 코딩하는 것도 가능하다.

101

```
sales = {"John":{"N":3056, "S":8463, "E":8441, "W":2694},
         "Tom":{"N":4832, "S":6786, "E":4737, "W":3612},
         "Anne":{"N":5239, "S":4802, "E":5820, "W":1859},
         "Fiona":{"N":3904, "S":3645, "E":8821, "W":2451}}
person = input("Enter sales person's name: ")
region = input("Select region: ")
print(sales[person][region])
newdata = int(input("Enter new data: "))
sales[person][region] = newdata
print(sales[person])
```

102

```
list = {}
for i in range(0, 4):
    name = input("Enter name: ")
    age = int(input("Enter age: "))
    shoe = int(input("Enter shoe size: "))
    list[name] = {"Age":age, "Shoe size":shoe}

ask = input("Enter a name: ")
print(list[ask])
```

103

```
list = {}
for i in range(0, 4):
    name = input("Enter name: ")
    age = int(input("Enter age: "))
    shoe = int(input("Enter shoe size: "))
    list[name] = {"Age":age, "Shoe size":shoe}

for name in list:
    print(name, list[name]["Age"])
```

104

```
list = {}
for i in range(0, 4):
    name = input("Enter name: ")
    age = int(input("Enter age: "))
    shoe = int(input("Enter shoe size: "))
    list[name] = {"Age":age, "Shoe size":shoe}

getrid = input("Who do you want to remove from the list? ")
del list[getrid]

for name in list:
    print(name, list[name]["Age"], list[name]["Shoe size"])
```

텍스트 파일 읽기와 쓰기

설명

리스트를 정의하고 데이터를 변경하거나 새롭게 추가하는 것은 매우 훌륭한 동작이지만, 프로그램을 다시 실행하게 되면 다시 초기 상태로 돌아가기 때문에 변경한 내용(데이터)이 손실된다. 따라서 프로그램 외부에 데이터를 저장해야 할 때가 종종 있으며, 이렇게 하면 프로그램 내에서 변경된 데이터를 저장할 수 있다.

외부 파일에 쓰기와 읽기를 배우는 가장 쉬운 방법은 **텍스트** 파일로 해보는 것이다.

외부 파일을 열 때 프로그램 내에서 그 파일이 어떻게 사용될 것인지를 지정해야 한다. 이에 대한 옵션은 다음과 같다.

코드	설명
w	**쓰기 모드**: 새로운 파일을 생성하기 위하여 사용된다. 동일한 이름을 가진 기존의 파일이 있다면 그 파일은 삭제되고 새로운 파일이 생성된다.
r	**읽기 모드**: 기존의 파일에 쓰지 않고 오직 읽기만 할 때 사용된다.
a	**추가하기 모드**: 파일 끝에 새로운 데이터를 추가할 때 사용된다.

텍스트 파일은 데이터 쓰기와 읽기 그리고 추가하기에만 사용된다. 작동 방식의 특성상 전체 파일을 덮어쓰거나 새로운 데이터를 저장하기 위해 새로운 파일을 만드는 게 아니라면, 데이터의 일부만 제거하거나 변경하는 것은 쉽지 않다. 이미 생성된 파일의 일부를 변경하길 원한다면 csv 파일(81페이지의 'csv 파일 읽기와 쓰기' 챌린지 참고)이나 SQL 데이터 베이스(124페이지의 'SQLite' 챌린지 참고)를 이용하는 것이 더 좋다.

예제 코드

```python
file = open("Countries.txt", "w")
file.write("Italy\n")
file.write("Germany\n")
file.write("Spain\n")
file.close()
```

"Countries.txt"라는 이름의 파일을 생성한다. 만약 같은 이름의 파일이 이미 존재한다면 빈 파일로 덮어써질 것이다. 세 줄의 데이터를 파일에 추가한다. \n은 강제 개행을 시킨다. 파일을 닫아 변경된 사항이 텍스트 파일에 저장되도록 한다.

```python
file = open("Countries.txt", "r")
print(file.read())
```

Countries.txt 파일을 '읽기' 모드로 열고 파일 전체 내용을 출력한다.

```python
file = open("Countries.txt", "a")
file.write("France\n")
file.close()
```

Countries.txt 파일을 '추가하기' 모드로 열고 한 줄을 추가한 후에 파일을 닫는다. 만약 file.close() 코드가 없다면 변경된 내용은 텍스트 파일에 저장되지 않을 것이다.

105

'Numbers.txt'라는 이름의 새로운 파일을 생성한다. 한 줄에 쉼표로 구분된 다섯 개의 숫자를 추가한다. 프로그램을 실행하고 나서 이 프로그램이 저장된 위치에 해당 파일이 생성되었는지 확인한다. 여러분이 윈도우 시스템을 사용하고 있다면 이 파일을 메모장에 불러와서 확인하는 게 가장 쉽게 확인하는 방법일 것이다.

106

'Names.txt'라는 이름의 새로운 파일을 생성한다. 다섯 명의 이름을 한 줄에 하나씩 문서에 추가한다. 프로그램을 실행한 후에 이 프로그램이 저장된 위치에 해당 파일이 제대로 생성되었는지 확인하라.

107

Names.txt 파일을 열고 파이썬으로 데이터를 표시하라.

108

Names.txt 파일을 연다. 사용자에게 새로운 이름을 입력하라고 요청한다. 입력된 이름을 파일의 끝에 추가하고 전체 파일을 출력하라.

109

사용자에게 다음과 같이 메뉴를 표시하라.

```
1) Create a new file
2) Display the file
3) Add a new item to the file
Make a selection 1, 2 or 3:
```

사용자에게 1, 2 또는 3을 입력하라고 요청한다. 다른 것을 입력한다면 에러 메시지를 출력한다.

만약 1을 선택하면 과목명을 입력하라고 요청하고, 그것을 'Subject.txt'라는 이름의 새로운 파일에 저장한다. 기존 파일이 있다면 새 파일로 덮어쓰게 된다.

2를 선택하면 'Subject.txt' 파일의 내용을 출력한다.

3을 선택하면 새로운 과목명을 입력하라고 요청하고, 그것을 파일에 저장한 후에 파일의 전체 내용을 출력한다.

프로그램을 여러 번 실행하여 옵션들을 테스트하라.

110

앞에서 생성한 Names.txt 파일을 이용하여 목록의 이름들을 출력한다. 그 이름들 중 하나를 입력하라고 요청하고, 그 이름을 제외한 나머지 이름들을 Names2.txt라는 새로운 파일에 저장하라.

환상적이다!
데이터를 외부 파일에 저장하는 것은
중요한 프로그래밍 기술이다.

105

```
file = open("Numbers.txt", "w")
file.write("4, ")
file.write("6, ")
file.write("10, ")
file.write("8, ")
file.write("5, ")
file.close()
```

106

```
file = open("Names.txt", "w")
file.write("Bob\n")
file.write("Tom\n")
file.write("Gemma\n")
file.write("Sarah\n")
file.write("Timothy\n")
file.close()
```

107

```
file = open("Names.txt", "r")
print(file.read())
file.close()
```

108

```
file = open("Names.txt", "a")
newname = input("Enter a new name: ")
file.write(newname + "\n")
file.close()

file = open("Names.txt", "r")
print(file.read())
file.close()
```

109

```python
print("1) Create a new file")
print("2) Display the file")
print("3) Add a new item to the file")
selection = int(input("Make a selection 1, 2 or 3: "))
if selection == 1:
    subject = input("Enter a school subject: ")
    file = open("Subject.txt", "w")
    file.write(subject + "\n")
    file.close()
elif selection == 2:
    file = open("Subject.txt", "r")
    print(file.read())
elif selection == 3:
    subject = input("Enter a school subject: ")
    file = open("Subject.txt", "a")
    file.write(subject + "\n")
    file.close()
    file = open("Subject.txt", "r")
    print(file.read())
else:
    print("Invalid option")
```

110

```python
file = open("Names.txt", "r")
print(file.read())
file.close()

file = open("Names.txt", "r")
selectedname = input("Enter a name from the list: ")
selectedname = selectedname + "\n"
for row in file:
    if row != selectedname:
        file = open("Names2.txt", "a")
        newrecord = row
        file.write(newrecord)
        file.close()
file.close()
```

CSV 파일 읽기와 쓰기

설명

CSV는 Comma Separated Values의 약자이며, 일반적으로 스프레드시트 또는 데이터베이스에서 가져오기 및 내보내기와 관련된 형식이다. 각 행은 식별 가능한 열로 나뉘기 때문에 단순한 텍스트 파일보다는 데이터를 제어하는 데 유용하다. 다음은 저장할 데이터의 예다.

이름	나이	별자리
Brian	73	Taurus
Sandra	48	Virgo
Zoe	25	Scorpio
Keith	43	Leo

csv 파일에는 위의 데이터가 다음과 같이 저장된다.

```
Brian, 73, Taurus
Sandra, 48, Virgo
Zoe, 25, Scorpio
Keith, 43, Leo
```

하지만 값들을 식별하기 위하여 인덱스 번호를 사용하여 행과 열로 나눈 것으로 생각하는 것이 더 쉽게 이해하는 방법일 수도 있다.

	0	1	2
0	Brian	73	Taurus
1	Sandra	48	Virgo
2	Zoe	25	Scorpio
3	Keith	43	Leo

사용할 csv 파일을 열 때 그 파일을 어떻게 사용할 것인지를 지정해야 한다. 옵션은 다음과 같다.

코드	설명
w	새로운 파일을 생성하고 그 파일에 작성한다. 만약 동일한 이름의 파일이 존재한다면 새로운 파일을 생성하고 기존 파일을 덮어쓸 것이다.
x	새로운 파일을 생성하고 그 파일에 작성한다. 만약 동일한 이름의 파일이 존재한다면 덮어쓰지 않고 프로그램이 충돌(crash)될 것이다.
r	읽기 작업만을 위해 파일을 열기 때문에 어떠한 변경도 할 수 없다.
a	쓰기 작업을 위해 파일을 열며, 파일 끝에 데이터를 추가하게 된다.

예제 코드

```
import csv
```

파이썬이 csv 라이브러리 명령들을 사용할 수 있도록 프로그램 상단에 있어야 한다.

```
file = open("Stars.csv","w")
newRecord = "Brian,73,Taurus\n"
file.write(str(newRecord))
file.close()
```

'Stars.csv'라는 이름의 새로운 파일을 생성하며, 동일한 이름의 파일이 존재한다면 덮어쓰게 된다. 새로운 레코드를 추가한 후에 파일을 닫고 변경된 내용을 저장한다.

```
file = open("Stars.csv","a")
name = input("Enter name: ")
age = input("Enter age: ")
star = input("Enter star sign: ")
newRecord = name + "," + age + "," + star + "\n"
file.write(str(newRecord))
file.close()
```

Stars.csv 파일을 열고, 이름과 나이 그리고 별자리를 입력하라고 요청한다. 입력된 값은 파일 끝에 추가된다.

```
file = open("Stars.csv","r")
for row in file:
    print(row)
```

Stars.csv 파일을 읽기 모드로 열고 레코드를 한 번에 한 행씩 표시한다.

```
file = open("Stars.csv","r")
reader = csv.reader(file)
rows = list(reader)
print(rows[1])
```

Stars.csv 파일을 열고 1번 행만 출력한다. 파이썬은 0번부터 시작한다는 것을 기억하자.

```
file = open("Stars.csv","r")
search = input("Enter the data you are searching for: ")
for row in file:
    if search in str(row):
        print(row)
```

검색하려는 데이터를 입력하라고 요청한다. 입력된 데이터를 포함하는 행의 모든 데이터를 출력한다.

```
import csv
file = list(csv.reader(open("Stars.csv")))
tmp = []
for row in file:
    tmp.append(row)
```

csv 파일은 변경할 수 없고 추가만 할 수 있다. 만약 파일을 변경하고자 한다면 임시 리스트에 작성해야 한다.
이 코드는 원본 csv 파일을 읽고 'tmp'라는 이름의 리스트에 쓴다. 이렇게 하면 파일의 데이터를 리스트처럼
사용하거나 변경할 수 있다('튜플과 리스트 그리고 딕셔너리' 챌린지 참고).

```
file = open("NewStars.csv","w")
x = 0
for row in tmp:
    newRec = tmp[x][0] + "," + tmp[x][1] + "," + tmp[x][2] + "\n"
    file.write(newRec)
    x = x + 1
file.close()
```

'NewStars.csv'라는 이름의 새로운 csv 파일에 리스트의 데이터를 쓴다.

챌린지

111

다음의 데이터를 저장할 csv 파일을 생성하고 그 이름을 'Books.csv'라고 하라.

	제목	저자	출간연도
0	To Kill A Mockingbird	Harper Lee	1960
1	A Brief History of Time	Stephen Hawking	1988
2	The Great Gatsby	F. Scott Fitzgerald	1922
3	The Man Who Mistook His Wife for a Hat	Oliver Sacks	1985
4	Pride and Prejudice	Jane Austen	1813

112

111번 프로그램에서 만든 Books. csv 파일을 사용한다. 사용자에게 다른 레코드를 입력하도록 요청하고 입력된 데이터를 파일의 끝에 추가한다. csv 파일의 각 행을 한 줄에 하나씩 출력하라.

113

Books.csv 파일을 사용하며, 리스트에 몇 개의 레코드를 추가하고 싶은지 묻고 입력한 만큼 추가할 수 있도록 한다. 모든 데이터가 추가된 후에 사용자에게 검색할 저자의 이름을 입력하라고 요청하고, 입력된 저자의 모든 책 정보를 출력한다. 만약 입력한 저자의 책이 하나도 없다면 그에 맞는 메시지를 출력하라.

114

Books.csv 파일을 사용하며, 사용자에게 시작 년도와 끝 년도를 입력하라고 요청한다. 입력된 두 년도 사이에 출간된 모든 책을 출력하라.

115

Books.csv 파일을 사용하여 각 행 번호와 그에 대한 데이터를 출력하라.

116

Books.csv 파일의 데이터를 리스트로 가져온다. 사용자에게 리스트를 표시하고, 리스트의 어떤 행을 삭제하고 싶은지를 선택하라고 요청하여 선택한 행을 삭제한다. 또한, 수정하고 싶은 데이터를 선택하라고 요청하고 선택한 행을 수정한다. 데이터를 원래의 csv 파일에 다시 써서 기존 데이터를 수정된 데이터로 덮어쓴다.

117

사용자의 이름을 묻고 두 개의 임의의 질문을 생성하는 간단한 수학 퀴즈를 만든다. 사용자의 이름과 질문, 답변 그리고 최종 점수를 csv 파일에 저장한다. 프로그램이 실행될 때마다 csv 파일에 추가되며 덮어쓰지 않는다.

정답

🐍 111   — ☐ ✕

```python
import csv

file = open("Books.csv", "w")
newrecord = "To Kill A Mockingbird, Harper Lee, 1960\n"
file.write(str(newrecord))
newrecord = "A Brief History of Time, Stephen Hawking, 1988\n"
file.write(str(newrecord))
newrecord = "the Great Gatsby, F. Scott Fitzgerald, 1922\n"
file.write(str(newrecord))
newrecord = "The Man Who Mistook His Wife for a Hat, Oliver Sacks, 1985\n"
file.write(str(newrecord))
newrecord = "Pride and Prejudice, Jane Austen, 1813\n"
file.write(str(newrecord))
file.close()
```

🐍 112   — ☐ ✕

```python
import csv

file = open("Books.csv", "a")
title = input("Enter a title: ")
author = input("Enter author: ")
year = input("Enter the year it was released: ")
newrecord = title + ", " + author + ", " + year + "\n"
file.write(str(newrecord))
file.close()

file = open("Books.csv", "r")
for row in file:
    print(row)
file.close()
```

🐍 113   — ☐ ✕

```python
import csv

num = int(input("How many books do you want to add to the list? "))
file = open("Books.csv", "a")
for x in range(0, num):
    title = input("Enter a title: ")
    author = input("Enter author: ")
    year = input("Enter the year it was released: ")
    newrecord = title + ", " + author + ", " + year + "\n"
    file.write(str(newrecord))
```

```
        file.close()

        searchauthor = input("Enter an authors name to search for: ")

        file = open("Books.csv", "r")
        count = 0
        for row in file:
            if searchauthor in str(row):
                print(row)
                count = count + 1
        if count == 0:
            print("There are no books by that author in this list.")
        file.close()
```

🐍 114   — □ ✕

```
        import csv

        start = int(input("Enter a starting year: "))
        end = int(input("Enter an end year: "))

        file = list(csv.reader(open("Books.csv")))
        tmp = []
        for row in file:
            tmp.append(row)

        for row in tmp:
            if int(row[2]) >= start and int(row[2]) <= end:
                print(row)
```

🐍 115   — □ ✕

```
        import csv

        file = open("Books.csv", "r")
        x = 0
        for row in file:
            display = "Row: " + str(x) + " - " + row
            print(display)
            x = x + 1
```

```python
import csv

file = list(csv.reader(open("Books.csv")))
Booklist = []
for row in file:
    Booklist.append(row)

x = 0
for row in Booklist:
    display = x, Booklist[x]
    print(display)
    x = x + 1
getrid = int(input("Enter a row number to delete: "))
del Booklist[getrid]

x = 0
for row in Booklist:
    display = x, Booklist[x]
    print(display)
    x = x + 1
alter = int(input("Enter a row number to alter: "))
x = 0
for row in Booklist[alter]:
    display = x, Booklist[alter][x]
    print(display)
    x = x + 1
part = int(input("Which part do you want to change? "))
newdata = input("Enter new data: ")
Booklist[alter][part] = newdata
print(Booklist[alter])

file = open("Books.csv", "w")
for row in Booklist:
    newrecord = row[0] + ", " + row[1] + ", " + row[2] + "\n"
    file.write(newrecord)
file.close()
```

```
import csv
import random

score = 0
name = input("What is your name: ")
q1_num1 = random.randint(10, 50)
q1_num2 = random.randint(10, 50)
question1 = str(q1_num1) + " + " + str(q1_num2) + " = "
ans1 = int(input(question1))
realans1 = q1_num1 + q1_num2
if ans1 == realans1:
    score = score + 1
q2_num1 = random.randint(10, 50)
q2_num2 = random.randint(10, 50)
question2 = str(q2_num1) + " + " + str(q2_num2) + " = "
ans2 = int(input(question2))
realans2 = q2_num1 + q2_num2
if ans2 == realans2:
    score = score + 1

file = open("QuizScore.csv", "a")
newrecord = name + "," + question1 + str(ans1) + "," + question2 + str(ans2) + ", ↵
" + str(score) + "\n"
file.write(str(newrecord))

file.close()
```

★ 옮긴이 원래는 한 줄로 표현되어야 하지만, 지면상 한 줄이 넘어가는 경우에는 이 ↵를 넣었다.

설명

함수(Function)는 특정 작업을 수행하는 코드 블록이며, 프로그램 내에서 언제든지 호출하여 실행할 수 있다.

장점

- 코드 블록을 작성할 수 있으며, 프로그램 실행 중에 여러 번 재사용할 수 있다.
- 코드가 덩어리로 그룹화되므로 프로그램을 이해하기가 더 쉬워진다.

함수 정의하기라 함수들 간에 변수 전달하기

다음은 일반적으로는 함수 없이 만들게 되는 간단한 프로그램이지만, 함수가 어떻게 작동하는지 보기 위하여 함수로 작성하였다.

```
def get_name():
    user_name = input("Enter your name: ")
    return user_name

def print_Msg(user_name):
    print("Hello", user_name)

def main():
    user_name = get_name()
    print_Msg(user_name)

main()
```

이 프로그램은 get_name()과 print_Msg() 그리고 main()의 함수 세 개를 사용한다.

get_name() 함수는 사용자에게 이름을 입력하라고 요청한 후에 그것을 다른 함수에서 사용할 수 있도록 'user_name'이라는 변수의 값을 반환한다. 이것은 매우 중요하다. 만약 값을 반환하지 않는다면 함수 내에서 생성되거나 변경된 모든 변수의 값은 프로그램 내의 다른 곳에서 사용할 수 없기 때문이다.

print_Msg() 함수는 'Hello' 메시지와 함께 사용자 이름을 출력한다. 'user_name' 변수는 함수로 가져온 변수의 현재 값을 사용할 수 있도록 괄호 안에 표시한다.

main() 함수는 user_name 변수를 사용하는 get_name() 함수로부터 반환된 user_name을 얻는다. 그런 다음, print_Msg() 함수에서 user_name을 사용한다.

마지막의 main() 코드는 실제 프로그램 자체다. 이것은 main() 함수를 실행시키는 것이다.

매우 단순한 프로그램을 수행하기 위해 복잡한 방식으로 만들 필요는 없지만, 이것은 함수가 어떻게 배치되며 함수들 간에 변수가 어떻게 전달되고 사용되는지에 대한 예제로 보면 된다.

 **참고** 여러분이 프로그램 내에서 함수를 사용하려고 한다면, 해당 함수를 사용하기 전에 'def 함수_이름()'을 파이썬이 먼저 인식해야 한다. 만약 파이썬이 해당 함수를 인식하기 전에 그 함수를 참조하게 된다면 충돌이 발생된다. 함수를 호출할 때는 호출하는 코드보다 위쪽에 그 함수에 대해 작성되어 있어야 한다. 파이썬은 위에서부터 아래로 코드를 읽으며, 들여쓰기가 되어 있지 않은 def로 시작하지 않는 첫 번째 줄부터 실행할 것이다. 앞의 프로그램에서는 main()이 그러하다.

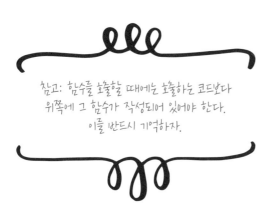

참고: 함수를 호출할 때에는 호출하는 코드보다
위쪽에 그 함수가 작성되어 있어야 한다.
이를 반드시 기억하자.

예제 코드

다음의 예제들은 동일한 프로그램의 일부이며, 아래의 순서대로 표시된다고 가정하자.

```python
def get_data():
    user_name = input("Enter your name: ")
    user_age = int(input("Enter your age: "))
    data_tuple = (user_name, user_age)
    return data_tuple
```

사용자의 이름과 나이를 요청하는 함수의 이름을 'get_data()'라고 정의한다. 프로그램의 다른 곳에서 사용할 수 있도록 메인 프로그램에 이 값들을 보내기 위해 값들을 결합한다. return 문은 단일 값만 반환할 수 있기 때문에 user_name과 user_age 변수를 data_tuple이라는 이름의 튜플('튜플과 리스트 그리고 딕셔너리' 챌린지 참고)로 결합하는 것이다.

```python
def message(user_name,user_age):
    if user_age <= 10:
        print("Hi", user_name)
    else:
        print("Hello", user_name)
```

앞에서 정의했던 두 개의 변수(user_name과 user_age)를 사용하는 함수의 이름을 'message()'라고 정의한다.

```python
def main():
    user_name,user_age = get_data()
    message(user_name,user_age)
```

get_data() 함수를 통해 두 개의 변수를 얻는 함수의 이름을 'main()'이라고 정의한다. 여기의 변수는 튜플에 정의된 것과 동일한 순서로 지정되어야 한다. 그리고서 그 두 변수를 가지고 message() 함수를 실행한다.

```python
main()
```

main() 함수를 실행한다.

챌린지

118

사용자에게 숫자를 입력하라고 요청하고 그 값을 'num'이라는 변수에 저장하는 함수를 정의하라. 그리고 'num'을 사용하여 1부터 num에 저장된 숫자까지 세는 다른 함수를 정의하라.

119

낮은 숫자와 높은 숫자를 입력하도록 요청하는 함수를 정의하고, 두 값 사이의 임의의 숫자를 생성하여 'comp_num'이라는 이름의 변수에 저장한다.

'I am thinking of a number...'라는 메시지를 출력한 다음, 사용자가 생각하고 있는 숫자를 입력하라고 요청하는 함수 하나를 더 정의한다.

세 번째 함수는 사용자가 입력한 숫자와 comp_num이 같은지 확인하도록 정의한다. 만약 같다면 'Correct, you win'이라는 메시지를 출력하고, 그렇지 않다면 사용자가 입력한 값이 너무 낮은지 아니면 너무 높은지를 알려주고 다시 입력하도록 하며, 숫자를 맞출 때까지 계속 반복되게 한다.

120

사용자에게 다음의 메뉴를 표시한다.

```
1) Addition
2) Subtraction
Enter 1 or 2:
```

사용자가 1을 입력하면 5와 20 사이의 임의의 숫자 두 개를 생성하고 두 수의 합을 사용자에게 묻는 함수가 실행된다. 사용자가 입력한 답과 실제 정답을 반환한다.

사용자가 메뉴에서 2를 입력하면 25에서 50 사이의 숫자 하나와 1에서 25 사이의 숫자 하나를 생성하고, 첫 번째 숫자에서 두 번째 숫자를 빼면 몇인지를 묻는 함수가 실행된다. 이렇게 하면 음수의 답이 나올 염려는 없어진다. 사용자가 입력한 답과 실제 정답을 반환한다.

사용자가 입력한 답과 실제 정답을 확인하는 또 다른 함수를 생성한다. 두 값이 같다면 'Correct'라고 표시하고, 그렇지 않다면 'Incorrect, the answer is'와 함께 실제 정답을 출력한다.

만일 메뉴에 표시된 번호를 선택하지 않는다면 적절한 메시지를 표시한다.

121

사용자가 이름 목록을 쉽게 관리할 수 있는 프로그램을 생성한다. 사용자가 목록에 이름을 추가할 수 있는 메뉴와 목록의 이름을 수정하는 메뉴, 목록에서 이름을 삭제하는 메뉴 그리고 목록의 모든 이름을 표시하는 메뉴를 화면에 표시한다. 또한, 프로그램을 종료하는 메뉴도 있어야 한다. 사용자가 메뉴 외에 다른 것을 선택하면 적절한 메시지를 표시한다. 사용자가 선택한 메뉴의 작업이 끝나면 다시 메뉴가 표시되도록 한다. 되도록 사용하기 쉽게 프로그램을 만들자.

122

다음의 메뉴를 생성한다.

```
1) Add to file
2) View all records
3) Quit program
```

```
Enter the number of your selection:
```

사용자가 1을 선택하면 Salaries.csv라는 이름
의 파일에 이름과 급여를 저장한다. 2를 선택하면
Salaries.csv 파일의 모든 레코드를 표시한다. 3을
선택하면 프로그램을 종료한다. 만약 올바르지 않은
번호를 입력하면 에러 메시지를 출력한다. 3번을 선
택할 때까지 계속해서 메뉴로 돌아간다.

메뉴를 포함하면
사용하기 더 쉬운 프로그램을
만들 수 있어요.

123

파이썬에서 csv 파일의 레코드를 직접 삭제하는 것은 기술
적으로 불가능하다. 대신, 파일을 파이썬의 임시 리스트로
저장하고 리스트를 변경한 다음에 임시 리스트를 원본 파
일에 덮어쓰면 된다.

이전 프로그램을 수정하여 이 작업을 할 수 있게 만들자.
메뉴는 다음과 같이 표시된다.

```
1) Add to file
2) View all records
3) Delete a record
4) Quit program
```

```
Enter the number of your selection:
```

정답

```python
def ask_value():
    num = int(input("Enter a number: "))
    return num

def count(num):
    n = 1
    while n <= num:
        print(n)
        n = n + 1

def main():
    num = ask_value()
    count(num)

main()
```

```python
import random

def pick_num():
    low = int(input("Enter the bottom of the range: "))
    high = int(input("Enter the top of the range: "))
    comp_num = random.randint(low, high)
    return comp_num

def first_guess():
    print("I am thinking of a number...")
    guess = int(input("What am I thinking of: "))
    return guess

def check_answer(comp_num, guess):
    try_again = True
    while try_again == True:
        if comp_num == guess:
            print("Correct, you win.")
            try_again = False
        elif comp_num > guess:
            guess = int(input("Too low, try again: "))
        else:
            guess = int(input("Too high, try again: "))

def main():
    comp_num = pick_num()
    guess = first_guess()
    check_answer(comp_num, guess)

main()
```

```python
import random

def addition():
    num1 = random.randint(5, 20)
    num2 = random.randint(5, 20)
    print(num1, " + ", num2, " = ")
    user_answer = int(input("Your answer: "))
    actual_answer = num1 + num2
    answers = (user_answer, actual_answer)
    return answers

def subtraction():
    num3 = random.randint(25, 50)
    num4 = random.randint(1, 25)
    print(num3, " - ", num4, " = ")
    user_answer = int(input("Your answer: "))
    actual_answer = num3 - num4
    answers = (user_answer, actual_answer)
    return answers

def check_answer(user_answer, actual_answer):
    if user_answer == actual_answer:
        print("Correct")
    else:
        print("Incorrect, the answer is", actual_answer)

def main():
    print("1) Addition")
    print("2) Subtraction")
    selection = int(input("Enter 1 or 2: "))
    if selection == 1:
        user_answer, actual_answer = addition()
        check_answer(user_answer, actual_answer)
    elif selection == 2:
        user_answer, actual_answer = subtraction()
        check_answer(user_answer, actual_answer)
    else:
        print("Incorrect selection")

main()
```

```python
def add_name():
    name = input("Enter a new name: ")
    names.append(name)
    return names
```

```python
def change_name():
    num = 0
    for x in names:
        print(num, x)
        num = num + 1
    select_num = int(input("Enter the number of the name you want to change: "))
    name = input("Enter new name: ")
    names[select_num] = name
    return names

def delete_name():
    num = 0
    for x in names:
        print(num, x)
        num = num + 1
    select_num = int(input("Enter the number of the name you want to delete: "))
    del names[select_num]
    return names

def view_names():
    for x in names:
        print(x)
    print()

def main():
    again = "y"
    while again == "y":
        print("1) Add a name")
        print("2) Change a name")
        print("3) Delete a name")
        print("4) View names")
        print("5) Quit")
        selection = int(input("What do you want to do? "))
        if selection == 1:
            names = add_name()
        elif selection == 2:
            names = change_name()
        elif selection == 3:
            names = delete_name()
        elif selection == 4:
            view_names()
        elif selection == 5:
            again = "n"
        else:
            print("Incorrect option: ")

names = []
main()
```

```python
def addtofile():
    file = open("Salaries.csv", "a")
    name = input("Enter name: ")
    salary = int(input("Enter salary: "))
    newrecord = name + ", " + str(salary) + "\n"
    file.write(str(newrecord))
    file.close()

def viewrecords():
    file = open("Salaries.csv", "r")
    for row in file:
        print(row)
    file.close()

tryagain = True
while tryagain == True:
    print("1) Add to file")
    print("2) View all records")
    print("3) Quit program")
    print()
    selection = input("Enter the number of your selection: ")
    if selection == "1":
        addtofile()
    elif selection == "2":
        viewrecords()
    elif selection == "3":
        tryagain = False
    else:
        print("Incorrect option")
```

```python
def addtofile():
    file = open("Salaries.csv", "a")
    name = input("Enter name: ")
    salary = int(input("Enter salary: "))
    newrecord = name + ", " + str(salary) + "\n"
    file.write(str(newrecord))
    file.close()

def viewrecords():
    file = open("Salaries.csv", "r")
    for row in file:
        print(row)
    file.close()

def deleterecord():
    file = open("Salaries.csv", "r")
```

```
    tmplist = []
    for row in file:
        tmplist.append(row)
    file.close()
    x = 0
    for row in tmplist:
        print(x, row)
        x = x + 1
    rowtodelete = int(input("Enter the row number to delete: "))
    del tmplist[rowtodelete]
    file = open("Salaries.csv", "w")
    for row in tmplist:
        file.write(row)
    file.close()

tryagain = True
while tryagain == True:
    print("1) Add to file")
    print("2) View all records")
    print("3) Delete a record")
    print("4) Quit program")
    print()
    selection = input("Enter the number of your selection: ")
    if selection == "1":
        addtofile()
    elif selection == "2":
        viewrecords()
    elif selection == "3":
        deleterecord()
    elif selection == "4":
        tryagain = False
    else:
        print("Incorrect option")
```

챌린지 124~132   Tkinter GUI

설명

GUI(Graphical User Interface)는 프로그램을 더 쉽게 사용할 수 있도록 만들어 준다. GUI는 사용자가 더욱 사용자 친화적인 방식으로 프로그램을 사용할 수 있도록 프로그래머인 여러분에게 화면과 텍스트 박스 그리고 버튼 등을 생성할 수 있게 해준다. Tkinter는 이를 가능하게 해주는 파이썬 라이브러리다.

다음의 코드, 특히 window.geometry와 button.place 부분을 살펴보도록 하자.*

★ [옮긴이] 코드에서 버튼의 배경색을 변경하는 'bg'는 Windows 환경에서는 작동하지만 맥 환경에서는 작동하지 않는다. 맥에서는 'highlightbackground'를 대신 사용하는 것도 방법이 될 수 있다.

```
from tkinter import *

def Call():
    msg = Label(window, text = "You pressed the button")
    msg.place(x = 30, y = 50)
    button["bg"] = "blue"
    button["fg"] = "white"

window = Tk()
window.geometry("200x110")
button = Button(text = "Press me", command = Call)
button.place(x = 30, y = 20, width = 120, height = 25)
window.mainloop()
```

이제 이 코드가 만든 윈도우를 살펴보자.

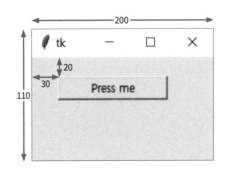

이 코드에서의 geometry 부분은 윈도우의 크기를 결정하며, place 부분은 윈도우 안에서 각 항목의 위치를 결정한다.

버튼을 누르면 'Call'이라는 함수가 실행되어 다음과 같이 윈도우가 변경된다.

예제 코드

```
from tkinter import *
```
이 코드는 Tkinter 라이브러리를 임포트하기 위해 프로그램 상단에 있어야 한다.

```
window = Tk()
window.title("Window Title")
window.geometry("450x100")
```
'윈도우'라고 하는 영역을 생성하고, 타이틀을 추가하며, 윈도우의 크기를 정의한다.

```
label = Label(text = "Enter number:")
```
메시지를 표시하는 텍스트를 화면에 추가한다.

```
entry_box = Entry(text = 0)
```
비어 있는 엔트리 박스(Entry)를 생성한다. 엔트리 박스는 사용자로부터 데이터를 입력받거나 결과를 표시하기 위해 사용될 수 있다.

```
output_box = Message(text = 0)
```
결과를 표시하기 위해 사용되는 메시지 박스를 생성한다.

```
output_box["bg"] = "red"
```
메시지 박스의 배경색을 지정한다.

```
output_box["fg"] = "white"
```
메시지 박스의 폰트 색상*을 지정한다.

★ 옮긴이 정확히 말하자면 포그라운드 색상

```
output_box["relief"] = "sunken"
```
메시지 박스의 스타일을 지정한다. flat, raised, sunken, grooved 그리고 ridged로 지정할 수 있다.

```
list_box = Listbox()
```
문자열만 포함할 수 있는 드롭-다운(drop-down) 리스트 박스를 생성한다.

```
entry_box["justify"] = "center"
```
엔트리 박스의 텍스트에 대한 행 정렬을 지정한다. 하지만 이 설정은 메시지 (Message)에서는 작동하지 않는다.

```
button1 = Button(text = "Click here", command = click)
```
'click'이라는 함수를 실행하는 버튼을 생성한다.

```
label.place(x = 50, y = 20, width = 100, height = 25)
```
윈도우에 표시될 객체의 위치를 지정한다. 위치를 지정하지 않는다면 윈도우에 나타나지 않는다.

```
entry_box.delete(0, END)
```
엔트리 박스(또는 리스트)의 내용을 삭제한다.

```
num = entry_box.get()
```
엔트리 박스의 내용을 num이라는 변수에 저장한다.
메시지 박스에서는 작동하지 않는다.

```
answer = output_box["text"]
```
메시지 박스의 내용을 answer라는 이름의 변수에 저장한다.
엔트리 박스에서는 작동하지 않는다.

```
output_box["text"] = total
```
메시지 박스의 내용을 total이라는 변수의 값으로 변경한다.

```
window.mainloop()
```
프로그램을 계속 작동하게 하기 위하여 이 코드는 프로그램의
하단에 있어야 한다.

여러분이 완성한 모든 챌린지는
여러분을 더 나은 프로그래머로
만들어 줄 겁니다!

챌린지

124
사용자의 이름을 입력하는 윈도우를 생성한다. 버튼을 클릭하면 'Hello' 메시지와 함께 이름이 표시되고 메시지의 폰트 색상과 배경색을 변경하라.

125
여섯 면의 주사위 대신 보드게임에서 사용할 수 있는 프로그램을 작성하자. 사용자가 버튼을 클릭하면 1에서 6(포함) 사이의 임의의 정수를 표시하라.

126
사용자가 숫자를 입력하도록 요청하는 프로그램을 생성한다. 사용자가 버튼을 클릭하면 입력한 숫자를 합계에 더하게 되며, 그 합이 화면에 출력된다. 이 과정을 사용자가 원하는 만큼 반복할 수 있으며, 합계에 계속 추가된다. 또한, 합계를 0으로 돌리고 표시했던 합계를 원래 상태로 비워 다시 시작할 준비를 하는 버튼도 있어야 한다.

127
텍스트 박스에 사용자 이름을 입력하도록 요청하는 윈도우를 생성한다. 입력한 이름을 목록 하단에 추가하는 버튼도 만든다. 또한, 목록의 내용을 지우는 버튼도 생성한다.

128
1킬로미터는 0.6214마일이고 1마일은 1.6093킬로미터다. 이것을 이용하여 마일과 킬로미터를 변환하는 프로그램을 만들어라.

129
텍스트 박스에 숫자를 입력하도록 요청하는 윈도우를 생성한다. variable. isdigit() 코드를 사용하여 정수를 입력했는지를 확인하는 버튼을 만든다. 만약 정수라면 목록에 추가하고, 그렇지 않다면 엔트리 박스의 내용을 지운다. 목록의 내용을 지우는 버튼도 추가한다.

130
129번 프로그램을 변경하여 목록의 내용을 csv 파일로 저장하는 세 번째 버튼을 추가하자. tmp_list = num_list. get(0, END) 코드는 목록의 내용을 tmp_list라는 이름의 변수에 튜플로 저장하기 위해 사용할 수 있다.

131
새로운 csv 파일을 생성하는 프로그램을 만든다. 이름과 나이를 입력하도록 요청하고 입력된 데이터를 방금 만든 파일에 추가하도록 한다.

132
이번 마지막 챌린지에서는 131번에서 만든 csv 파일을 사용하여 csv 파일의 내용을 가져와서 목록에 표시되도록 사람들의 이름과 나이를 목록에 추가하는 프로그램을 만들자.

정답

```python
from tkinter import *

def click():
    name = textbox1.get()
    message = str("Hello " + name)
    textbox2["bg"] = "yellow"
    textbox2["fg"] = "blue"
    textbox2["text"] = message

window = Tk()
window.geometry("500x200")

label1 = Label(text = "Enter your name:")
label1.place(x = 30, y = 20)

textbox1 = Entry(text = "")
textbox1.place(x = 150, y = 20, width = 200, height = 25)
textbox1["justify"] = "center"
textbox1.focus()

button1 = Button(text = "Press me", command = click)
button1.place(x = 30, y = 50, width = 120, height = 25)

textbox2 = Message(text = "", width = 200)
textbox2.place(x = 150, y = 50, width = 200, height = 25)
textbox2["bg"] = "white"
textbox2["fg"] = "black"

window.mainloop()
```

```python
from tkinter import *
import random

def click():
    num = random.randint(1, 6)
    answer["text"] = num

window = Tk()
window.title("Roll a dice")
window.geometry("100x120")
```

```
button1 = Button(text = "Roll", command = click)
button1.place(x = 30, y = 30, width = 50, height = 25)

answer = Message(text = "")
answer.place(x = 40, y = 70, width = 30, height = 25)

window.mainloop()
```

```
from tkinter import *

def add_on():
    num = enter_txt.get()
    num = int(num)
    answer = output_txt["text"]
    answer = int(answer)
    total = num + answer
    output_txt["text"] = total

def reset():
    output_txt["text"] = 0
    enter_txt.delete(0, END)
    enter_txt.focus()

window = Tk()
window.title("Adding Together")
window.geometry("450x100")

enter_lbl = Label(text = "Enter a number:")
enter_lbl.place(x = 50, y = 20, width = 100, height = 25)

enter_txt = Entry(text = 0)
enter_txt.place(x = 150, y = 20, width = 100, height = 25)
enter_txt["justify"] = "center"
enter_txt.focus()

add_btn = Button(text = "Add", command = add_on)
add_btn.place(x = 300, y = 20, width = 50, height = 25)

output_lbl = Label(text = "Answer = ")
output_lbl.place(x = 50, y = 50, width = 100, height = 25)

output_txt = Message(text = 0)
output_txt.place(x = 150, y = 50, width = 100, height = 25)
output_txt["bg"] = "white"
output_txt["relief"] = "sunken"
```

```
clear_btn = Button(text = "Clear", command = reset)
clear_btn.place(x = 300, y = 50, width = 50, height = 25)

window.mainloop()
```

127

```
from tkinter import *

def add_name():
    name = name_box.get()
    name_list.insert(END, name)
    name_box.delete(0, END)
    name_box.focus()

def clear_list():
    name_list.delete(0, END)
    name_box.focus()

window = Tk()
window.title("Names List")
window.geometry("400x200")

label1 = Label(text = "Enter a name:")
label1.place(x = 20, y = 20, width = 100, height = 25)

name_box = Entry(text = 0)
name_box.place(x = 120, y = 20, width = 100, height = 25)
name_box.focus()

button1 = Button(text = "Add to list", command = add_name)
button1.place(x = 250, y = 20, width = 100, height = 25)

name_list = Listbox()
name_list.place(x = 120, y = 50, width = 100, height = 100)

button2 = Button(text = "Clear list", command = clear_list)
button2.place(x = 250, y = 50, width = 100, height = 25)

window.mainloop()
```

```python
from tkinter import *

def convert1():
    mile = textbox1.get()
    mile = float(mile)
    message = mile * 1.6093
    textbox2.delete(0, END)
    textbox2.insert(END, message)
    textbox2.insert(END, " km")

def convert2():
    km = textbox1.get()
    km = float(km)
    message = km * 0.6214
    textbox2.delete(0, END)
    textbox2.insert(END, message)
    textbox2.insert(END, " miles")

window = Tk()
window.title("Distance")
window.geometry("260x200")

label1 = Label(text = "Enter the value you want to convert:")
label1.place(x = 15, y = 20)

textbox1 = Entry(text = "")
textbox1.place(x = 30, y = 50, width = 200, height = 25)
textbox1["justify"] = "center"
textbox1.focus()

convert1 = Button(text = "Convert miles to km", command = convert1)
convert1.place(x = 30, y = 80, width = 200, height = 25)

convert2 = Button(text = "Convert km to miles", command = convert2)
convert2.place(x = 30, y = 110, width = 200, height = 25)

textbox2 = Entry(text = "")
textbox2.place(x = 30, y = 140, width = 200, height = 25)
textbox2["justify"] = "center"

window.mainloop()
```

```
from tkinter import *

def add_number():
    num = num_box.get()
    if num.isdigit():
        num_list.insert(END, num)
        num_box.delete(0, END)
        num_box.focus()
    else:
        num_box.delete(0, END)
        num_box.focus()

def clear_list():
    num_list.delete(0, END)
    num_box.focus()

window = Tk()
window.title("Number list")
window.geometry("400x200")

label1 = Label(text = "Enter a number:")
label1.place(x = 20, y = 20, width = 100, height = 25)

num_box = Entry(text = "")
num_box.place(x = 120, y = 20, width = 100, height = 25)
num_box.focus()

button1 = Button(text = "Add to list", command = add_number)
button1.place(x = 250, y = 20, width = 100, height = 25)

num_list = Listbox()
num_list.place(x = 120, y = 50, width = 100, height = 100)

button2 = Button(text = "Clear list", command = clear_list)
button2.place(x = 250, y = 50, width = 100, height = 25)

window.mainloop()
```

```
from tkinter import *
import csv

def add_number():
    num = num_box.get()
    if num.isdigit():
        num_list.insert(END, num)
        num_box.delete(0, END)
        num_box.focus()
    else:
        num_box.delete(0, END)
        num_box.focus()

def clear_list():
    num_list.delete(0, END)
    num_box.focus()

def save_list():
    file = open("numbers.csv", "w")
    tmp_list = num_list.get(0, END)
    for x in tmp_list:
        newrecord = x + "\n"
        file.write(str(newrecord))
    file.close()

window = Tk()
window.title("Number list")
window.geometry("400x200")

label1 = Label(text = "Enter a number:")
label1.place(x = 20, y = 20, width = 100, height = 25)

num_box = Entry(text = "")
num_box.place(x = 120, y = 20, width = 100, height = 25)
num_box.focus()

button1 = Button(text = "Add to list", command = add_number)
button1.place(x = 250, y = 20, width = 100, height = 25)

num_list = Listbox()
num_list.place(x = 120, y = 50, width = 100, height = 100)

button2 = Button(text = "Clear list", command = clear_list)
button2.place(x = 250, y = 50, width = 100, height = 25)

button3 = Button(text = "Save list", command = save_list)
button3.place(x = 250, y = 80, width = 100, height = 25)

window.mainloop()
```

```
from tkinter import *
import csv

def create_new():
    file = open("ages.csv", "w")
    file.close()

def save_list():
    file = open("ages.csv", "a")
    name = name_box.get()
    age = age_box.get()
    newrecord = name + "," + age + "\n"
    file.write(str(newrecord))
    file.close()
    name_box.delete(0, END)
    age_box.delete(0, END)
    name_box.focus()

window = Tk()
window.title("People list")
window.geometry("400x100")

label1 = Label(text = "Enter a name:")
label1.place(x = 20, y = 20, width = 100, height = 25)

name_box = Entry(text = "")
name_box.place(x = 120, y = 20, width = 100, height = 25)
name_box["justify"] = "left"
name_box.focus()

label2 = Label(text = "Enter their age:")
label2.place(x = 20, y = 50, width = 100, height = 25)

age_box = Entry(text = "")
age_box.place(x = 120, y = 50, width = 100, height = 25)
age_box["justify"] = "left"

button1 = Button(text = "Create new file", command = create_new)
button1.place(x = 250, y = 20, width = 100, height = 25)

button2 = Button(text = "Add to file", command = save_list)
button2.place(x = 250, y = 50, width = 100, height = 25)

window.mainloop()
```

```python
from tkinter import *
import csv

def save_list():
    file = open("ages.csv", "a")
    name = name_box.get()
    age = age_box.get()
    newrecord = name + "," + age + "\n"
    file.write(str(newrecord))
    file.close()
    name_box.delete(0, END)
    age_box.delete(0, END)
    name_box.focus()

def read_list():
    name_list.delete(0, END)
    file = list(csv.reader(open("ages.csv")))
    tmp = []
    for row in file:
        tmp.append(row)
    for data in tmp:
        name_list.insert(END, data)

window = Tk()
window.title("People list")
window.geometry("400x200")


label1 = Label(text = "Enter a name:")
label1.place(x = 20, y = 20, width = 100, height = 25)


name_box = Entry(text = "")
name_box.place(x = 120, y = 20, width = 100, height = 25)
name_box["justify"] = "left"
name_box.focus()

label2 = Label(text = "Enter their age:")
label2.place(x = 20, y = 50, width = 100, height = 25)


age_box = Entry(text = "")
age_box.place(x = 120, y = 50, width = 100, height = 25)
age_box["justify"] = "left"

button1 = Button(text = "Add to file", command = save_list)
button1.place(x = 250, y = 20, width = 100, height = 25)


button2 = Button(text = "Read list", command = read_list)
```

```
button2.place(x = 250, y = 50, width = 100, height = 25)

label3 = Label(text = "Saved Names:")
label3.place(x = 250, y = 80, width = 100, height = 25)

name_list = Listbox()
name_list.place(x = 120, y = 80, width = 230, height = 100)

window.mainloop()
```

Tkinter: 더 많은 기능

설명

이번 장에서는 이전 장에서 배운 지식을 바탕으로 더 많은 기능을 가진 GUI를 어떻게 만드는지 살펴볼 것이다.

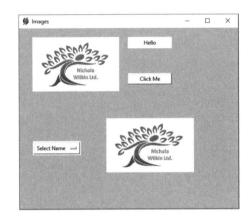

이 화면에서 우리는 다음의 미션을 처리하였다.

- 타이틀 바의 아이콘을 변경하였다.
- 메인 윈도우의 배경색을 변경하였다.
- 좌측 상단에 로고를 추가하였다. 이것은 정적 이미지이기 때문에 변경되지 않을 것이다.
- 현재는 'Hello'라고 표시하는 레이블을 만들었다.
- Click Me라는 버튼을 추가하였다.
- Select Name이라는 이름의 드롭-다운 메뉴를 추가하였다. 여기에는 'Bob', 'Sue' 그리고 'Tim' 이렇게 세 개의 이름이 표시된다.
- 윈도우 하단에 두 번째 이미지를 추가하였으며, 사용자가 Click Me 버튼을 클릭할 때 드롭-다운 메뉴에서 선택한 사람의 사진이 표시된다.

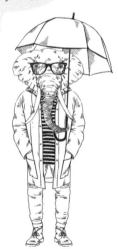

여러분은 굉장한 프로그램을 만드는 중이에요.

이 윈도우를 만드는 코드는 앞에서 살펴본 코드와 이번 장에서 살펴볼 예제 코드를 사용하여 만들 수 있다.

프로그램에서 이미지를 사용할 때 프로그램이 있는 폴더에 이미지가 저장되어 있는 게 훨씬 편하다. 그렇지 않다면 다음과 같이 파일의 전체 경로를 사용해야 한다.

```
logo = PhotoImage(file="c:\\Python34\images\logo.gif")
```

프로그램이 있는 폴더에 이미지가 저장되어 있다면 다음과 같이 파일명만 사용하면 된다.

```
logo = PhotoImage(file="logo.gif")
```

참고 Tkinter에는 GIF 또는 PGM/PPM 파일만 사용할 수 있으며, 다른 타입의 파일은 지원하지 않는다. 가능하다면 프로그램을 만들기 전에 이미지가 적절한 타입과 이름으로 올바른 위치에 저장되어 있는지 확인하자.

예제 코드

```
window.wm_iconbitmap("MyIcon.ico")
```
윈도우의 타이틀에 표시되는 아이콘을 변경한다.

```
window.configure(background = "light green")
```
윈도우의 배경색을 변경한다. 여기서는 밝은 녹색(light green)으로 한다.

```
logo = PhotoImage(file = "logo.gif")
logoimage = Label(image = logo)
logoimage.place(x = 30, y = 20, width = 200, height = 120)
```
레이블 위젯에 이미지를 표시한다. 이 이미지는 프로그램이 실행되면 변경되지 않을 것이다.

```
photo = PhotoImage(file = "logo.gif")
photobox = Label(window, image = photo)
photobox.image = photo
photobox.place(x = 30, y = 20, width = 200, height = 120)
```
이 코드는 앞의 코드와 유사하지만, 이미지를 바꾸고 싶을 때 데이터를 업데이트할 수 있도록
photobox.image = photo 코드를 추가한다. 이렇게 하면 업데이트가 가능하다.

```
selectName = StringVar(window)
selectName.set("Select Name")
namesList = OptionMenu(window, selectName, "Bob", "Sue", "Tim")
namesList.place(x = 30, y = 250)
```
selectName라는 이름의 변수를 생성하고 초깃값으로 'Select Name'이라는 문자열을 저장한다. 그런 다음, Bob,
Sue 그리고 Tim이라는 문자열 값들을 표시하는 드롭-다운 메뉴를 생성하고 사용자가 선택한 값이 selectName
변수에 저장되게 한다.

```
def clicked():
    sel = selectName.get()
    mesg = "Hello "+ sel
    mlabel["text"] = mesg
    if sel == "Bob":
        photo = PhotoImage(file = "Bob.gif")
        photobox.image = photo
    elif sel == "Sue":
        photo = PhotoImage(file = "Sue.gif")
        photobox.image = photo
    elif sel == "Tim":
        photo = PhotoImage(file = "Tim.gif")
        photobox.image = photo
    else:
        photo = PhotoImage(file = "logo.gif")
        photobox.image = photo
    photobox["image"] = photo
    photobox.update()
```

이 예제에서 버튼이 클릭되면 'clicked' 함수가 실행된다. 이것은 selectName 변수의 값을 가져와서 레이블에
표시될 메시지를 생성한다. 그런 다음, 어떤 옵션을 선택했는지 확인하고 해당 이미지를 현재 이미지로 변경한다.
만약 이름을 선택하지 않았다면 로고 이미지가 표시된다.

잊지 마세요. 무언가 막히면
이전에 했던 프로그램들을 살펴보세요.
도움이 될 거에요.

챌린지

133

윈도우의 그림판 또는 다른 그래픽 도구를 사용하여 다양한 색상으로 여러 개의 수직선이 있는 자신만의 아이콘을 생성하고 200 x 150 크기의 로고 이미지도 생성한다. 여러분이 만든 아이콘과 로고를 사용하여 다음의 윈도우를 생성하자.

사용자의 이름을 입력하고 Press Me 버튼을 클릭하면 'Hello'와 함께 사용자 이름이 두 번째 텍스트 박스에 표시되도록 하자.

134

10에서 50 사이의 임의의 정수 두 개를 생성하는 새로운 프로그램을 만든다. 두 개의 숫자를 더한 합을 사용자에게 묻고 답을 입력받는다. 정답이라면 체크 표시 같은 적절한 이미지를 표시하고, 그렇지 않다면 틀렸다는 의미의 이미지를 표시한다. Next 버튼을 클릭하면 또 다른 문제를 표시한다.

135

여러 가지 색상을 포함하고 있는 드롭-다운 목록과 Click Me 버튼이 있는 간단한 프로그램을 생성한다. 사용자가 목록에서 색상을 선택하고 버튼을 클릭하면 윈도우의 배경색을 선택한 색상으로 바꾼다.

136

사용자에게 이름을 입력하도록 요청한 다음에 드롭-다운 목록에서 성별을 선택하는 프로그램을 생성한다. 사용자가 버튼을 클릭하면 이름과 성별이 콤마로 구분되어 리스트 박스에 추가되도록 한다.

137

136번 프로그램을 수정하여 이름과 성별이 리스트 박스에 추가될 때 텍스트 파일에도 기록되게 한다. 메인 파이썬 쉘 윈도우에 텍스트 파일 전체가 표시되도록 하는 버튼 하나도 추가하자.

138

이 프로그램이 있게 될 폴더에 1.gif, 2.gif, 3.gif 등의 이미지를 둔다. 모든 이미지가 .gif 파일인지 확인한다. 윈도우 안에 하나의 이미지를 표시하고 사용자에게 번호를 입력하도록 요청하자. 입력된 번호의 이미지가 올바르게 표시되도록 하자.

정답

```python
from tkinter import *

def click():
    name = textbox1.get()
    message = str("Hello " + name)
    textbox2["text"] = message

window = Tk()
window.title("Names")
window.geometry("400x350")
window.wm_iconbitmap("stripes.ico")
window.configure(background = "black")

logo = PhotoImage(file = "Mylogo.gif")
logoimage = Label(image = logo)
logoimage.place(x = 100, y = 20, width = 200, height = 150)

label1 = Label(text = "Enter your name:")
label1.place(x = 30, y = 200)
label1["bg"] = "black"
label1["fg"] = "white"

textbox1 = Entry(text = "")
textbox1.place(x = 150, y = 200, width = 200, height = 25)
textbox1["justify"] = "center"
textbox1.focus()

button1 = Button(text = "Press Me", command = click)
button1.place(x = 30, y = 250, width = 110, height = 25)
button1["bg"] = "yellow"

textbox2 = Message(text = "")
textbox2.place(x = 150, y = 250, width = 200, height = 25)
textbox2["bg"] = "white"
textbox2["fg"] = "black"

window.mainloop()
```

```python
from tkinter import *
import random

def checkans():
    theirans = ansbox.get()
    theirans = int(theirans)
```

```
    num1 = num1box["text"]
    num1 = int(num1)
    num2 = num2box["text"]
    num2 = int(num2)
    ans = num1 + num2
    if theirans == ans:
        img = PhotoImage(file = "correct.gif")
        imgbx.image = img
    else:
        img = PhotoImage(file = "wrong.gif")
        imgbx.image = img
    imgbx["image"] = img
    imgbx.update()

def nextquestion():
    ansbox.delete(0, END)
    num1 = random.randint(10, 50)
    num1box["text"] = num1
    num2 = random.randint(10, 50)
    num2box["text"] = num2
    img = PhotoImage(file = "")
    imgbx.image = img
    imgbx["image"] = img
    imgbx.update()

window = Tk()
window.title("Addition")
window.geometry("250x300")

num1box = Label(text = 0)
num1box.place(x = 50, y = 30, width = 25, height = 25)
addsymbl = Message(text = "+")
addsymbl.place(x = 75, y = 30, width = 25, height = 25)
num2box = Label(text = 0)
num2box.place(x = 100, y = 30, width = 25, height = 25)
eqlsymbl = Message(text = "=")
eqlsymbl.place(x = 125, y = 30, width = 25, height = 25)
ansbox = Entry(text = 0)
ansbox.place(x = 150, y = 30, width = 25, height = 25)
ansbox["justify"] = "center"
ansbox.focus()
checkbtn = Button(text = "Check", command = checkans)
checkbtn.place(x = 50, y = 60, width = 75, height = 25)
nextbtn = Button(text = "Next", command = nextquestion)
nextbtn.place(x = 130, y = 60, width = 75, height = 25)
img = PhotoImage(file = "")
imgbx = Label(image = img)
imgbx.image = img
imgbx.place(x = 25, y = 100, width = 200, height = 150)

nextquestion()

window.mainloop()
```

```python
from tkinter import *

def clicked():
    sel = selectcolour.get()
    window.configure(background = sel)

window = Tk()
window.title("background")
window.geometry("200x200")

selectcolour = StringVar(window)
selectcolour.set("Grey")

colourlist = OptionMenu(window, selectcolour, "Grey", "Red", "Blue", "Green", "Yellow")
colourlist.place(x = 50, y = 30)

clickme = Button(text = "Click Me", command = clicked)
clickme.place(x = 50, y = 150, width = 60, height = 30)

window.mainloop()
```

```python
from tkinter import *

def add_to_list():
    name = namebox.get()
    namebox.delete(0, END)
    genderselection = gender.get()
    gender.set("M/F")
    newdata = name + ", " + genderselection + "\n"
    name_list.insert(END, newdata)
    namebox.focus()

window = Tk()
window.title("People List")
window.geometry("400x400")

namelbl = Label(text = "Enter their name:")
namelbl.place(x = 50, y = 50, width = 100, height = 25)
namebox = Entry(text = "")
namebox.place(x = 150, y = 50, width = 150, height = 25)
namebox.focus()

genderlbl = Label(text = "Select Gender")
genderlbl.place(x = 50, y = 100, width = 100, height = 25)
gender = StringVar(window)
```

```
gender.set("M/F")
gendermenu = OptionMenu(window, gender, "M", "F")
gendermenu.place(x = 150, y = 100)

name_list = Listbox()
name_list.place(x = 150, y = 150, width = 150, height = 100)

addbtn = Button(text = "Add to List", command = add_to_list)
addbtn.place(x = 50, y = 300, width = 100, height = 25)

window.mainloop()
```

137

```
from tkinter import *

def add_to_list():
    name = namebox.get()
    namebox.delete(0, END)
    genderselection = gender.get()
    gender.set("M/F")
    newdata = name + ", " + genderselection + "\n"
    name_list.insert(END, newdata)
    namebox.focus()
    file = open("names.txt", "a")
    file.write(newdata)
    file.close()

def print_list():
    file = open("names.txt", "r")
    print(file.read())

window = Tk()
window.title("People List")
window.geometry("400x400")

namelbl = Label(text = "Enter their name:")
namelbl.place(x = 50, y = 50, width = 100, height = 25)
namebox = Entry(text = "")
namebox.place(x = 150, y = 50, width = 150, height = 25)
namebox.focus()

genderlbl = Label(text = "Select Gender")
genderlbl.place(x = 50, y = 100, width = 100, height = 25)
gender = StringVar(window)
gender.set("M/F")
gendermenu = OptionMenu(window, gender, "M", "F")
gendermenu.place(x = 150, y = 100)
```

```
name_list = Listbox()
name_list.place(x = 150, y = 150, width = 150, height = 100)

addbtn = Button(text = "Add to List", command = add_to_list)
addbtn.place(x = 50, y = 300, width = 100, height = 25)

printlst = Button(text = "Print List", command = print_list)
printlst.place(x = 175, y = 300, width = 100, height = 25)

window.mainloop()
```

🐍 138 — □ ✕

```
from tkinter import *

def clicked():
    num = selection.get()
    artref = num + ".gif"
    photo = PhotoImage(file = artref)
    photobox.image = photo
    photobox["image"] = photo
    photobox.update()

window = Tk()
window.title("Art")
window.geometry("400x350")

art = PhotoImage(file = "1.gif")
photobox = Label(window, image = art)
photobox.image = art
photobox.place(x = 100, y = 20, width = 200, height = 150)

label = Label(text = "Select Art number:")
label.place(x = 50, y = 200, width = 100, height = 25)

selection = Entry(text = "")
selection.place(x = 200, y = 200, width = 100, height = 25)

button = Button(text = "See Art", command = clicked)
button.place(x = 150, y = 250, width = 100, height = 25)

window.mainloop()
```

챌린지 139~145 SQLite

설명

SQL은 '구조화된 질의 언어(Structured Query Language)'의 약자이며, 대형 데이터베이스 제품들이 사용하는 주된 언어다. **SQLite**는 SQL 데이터베이스로 사용할 수 있는 무료 소프트웨어다. www.sqlite.org에서 최신 버전을 다운로드할 수 있다.

다운로드 페이지에서 'command-line-shell'이 포함된 맥 OS 또는 Windows용 'Precompiled Binaries' 옵션을 선택할 수 있다.

Precompiled Binaries for Mac OS X (x86)

sqlite-tools-osx-x86-3340000.zip (1.36 MiB) — A bundle of command-line tools for managing SQLite database files, including the command-line shell program, the sqldiff program, and the sqlite3_analyzer program. (sha3: 92aead86b66a20035eed23fa6e413d988190411553ed5abf9c1228d15f89891a)

Precompiled Binaries for Windows

sqlite-dll-win32-x86-3340000.zip (491.81 KiB) — 32-bit DLL (x86) for SQLite version 3.34.0. (sha3: 725cc4107fd1e88fd0b05e150123050bc23cf37c29e31bf388ecee9f4849ca95)

sqlite-dll-win64-x64-3340000.zip (814.19 KiB) — 64-bit DLL (x64) for SQLite version 3.34.0. (sha3: 2ec319b69961af35fd86c0271e9c54d9b8115dfac40876a3bee4c5e51c05b8b4)

sqlite-tools-win32-x86-3340000.zip (1.76 MiB) — A bundle of command-line tools for managing SQLite database files, including the command-line shell program, the sqldiff.exe program, and the sqlite3_analyzer.exe program. (sha3: 75e13ae0cc38da453792aff2534fbdc8e1898939e9b5f4e540c1c12e15bb0112)

SQL을 사용하기 위해서 'DB Browser for SQLite'가 필요할 것이다. 이것은 https://sqlitebrowser.org에서 다운로드할 수 있다.

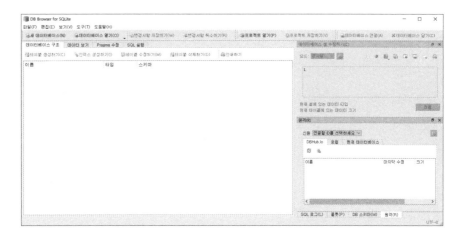

관계형 데이터베이스 이해하기

우리는 SQL 데이터베이스에 직원들의 세부 정보를 저장하는 작은 제조사 예제를 사용할 것이다.

다음은 회사의 모든 직원들의 세부 정보를 담고 있는 Employees 테이블의 예다. 데이터 보기(Browse Data) 탭을 클릭하면 테이블의 내용을 볼 수 있다.

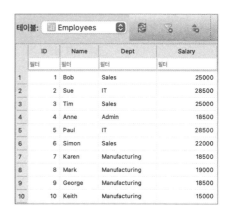

여기에는 네 개의 필드(ID, Name, Dept 그리고 Salary)가 있고, 각 직원마다 하나씩 열 개의 레코드가 들어 있다. 직원 목록을 살펴보면 동일한 부서에 한 명 이상의 직원이 속해 있는 것을 알 수 있을 것이다. 대부분의 데이터베이스에서 이처럼 반복적인 데이터를 발견하게 된다. 데이터베이스가 효과적으로 작동하기 위해서 반복되는 데이터를 별도의 테이블에 저장하곤 한다. 여기서는 각 부서에 대한 모든 정보를 저장하는 부서 테이블을 두어서 각 직원마다 부서의 모든 상세 정보를 반복적으로 기입해야 하는 낭비를 줄여준다.

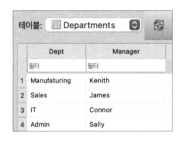

각 부서에 대한 상세 정보가 담겨 있는 Departments 테이블이 있다. 여기서는 부서에 대해 하나의 데이터(매니저 이름)만 포함하고 있지만, 이것은 부서 이름을 포함하고 있는 Employees 테이블의 각 레코드마다 매니저 이름을 입력하지 않아도 되게 해준다.

이와 같이 두 개의 테이블로 데이터를 분할함으로써 부서의 매니저가 바뀔 경우에 한 곳만 업데이트하면 된다.

하나의 부서에 여러 직원이 있을 수 있는데, 이를 일대다(one-to-many) 관계라고 한다.

기본 키(primary key)는 각 테이블에 있는 필드(보통 첫 번째 필드)로, 레코드에 대한 고유 식별자를 담고 있다. 따라서 Employees 테이블에서 기본 키는 ID 컬럼이 되며, Departments 테이블에서는 Dept가 된다.

테이블을 생성할 때 각 필드에 대해 다음의 사항들을 명확히 해야 한다.

- 필드의 이름(필드의 이름에는 공백이 있어서는 안 되며 변수명과 동일한 규칙을 따라야 한다)
- 기본 키인지 여부
- 해당 필드의 데이터 타입

다음과 같은 데이터 타입을 사용할 수 있다.

- integer   정숫값
- real   부동소수점 값
- text   텍스트 문자열
- blob   binary large object의 약자로, 이미지 데이터 등 숫자와 문자로 표현할 수 없는 바이너리 데이터

또한, 쿼리로 필드를 만들 때 끝에 NOT NULL을 추가하면 그 필드에는 값이 없을 수 없다고 지정할 수 있다.

예제 코드

```
import sqlite3
```
이것은 파이썬이 SQLite3 라이브
러리를 사용할 수 있도록 프로그램
의 첫 줄에 있어야 한다.

```
with sqlite3.connect("company.db") as db:
    cursor=db.cursor()
```
company 데이터베이스에 연결한다. 만약 그 데이터베이스가 존재하지 않는
다면 새로 만들게 된다. 생성된 파일은 프로그램이 있는 폴더에 저장된다.

```
cursor.execute("""CREATE TABLE IF NOT EXISTS employees(
    id integer PRIMARY KEY,
    name text NOT NULL,
    dept text NOT NULL,
    salary integer);""")
```
네 개의 필드(id, name, dept 그리고 salary)를 가진 employees라는 이름의 테이블을 생성한다. 각 필드에 대한 데이
터 타입을 지정하고, 어떤 필드가 기본 키인지 그리고 어떤 필드가 값을 비워 둘 수 없는지를 정의한다. 세 개의 큰따옴
표를 사용하면 코드를 여러 줄로 분할할 수 있게 하므로 한 줄로 길게 나열하여 표시하는 것보다 읽기 쉽게 할 수 있다.

```
cursor.execute("""INSERT INTO employees(id,name,dept,salary)
    VALUES("1","Bob","Sales","25000")""")
db.commit()
```
employees 테이블에 데이터를 삽입한다. db.commit()은 변경 사항을 저장하게 한다.

```
newID = input("Enter ID number: ")
newame = input("Enter name: ")
newDept = input("Enter department: ")
newSalary = input("Enter salary: ")
cursor.execute("""INSERT INTO employees(id,name,dept,salary)
    VALUES(?,?,?,?)""",(newID,newName,newDept,newSalary))
db.commit()
```
사용자가 입력한 새로운 데이터를 테이블에 삽입한다.

```
cursor.execute("SELECT * FROM employees")
print(cursor.fetchall())
```
employees 테이블의 모든 데이터를 출력한다.

```
db.close()
```
데이터베이스를 닫기 위하여 프로그램의
마지막 줄에 이것이 있어야 한다.

```
cursor.execute("SELECT * FROM employees")
for x in cursor.fetchall():
    print(x)
```

employees 테이블의 모든 데이터를 가져와서 한 줄에 한 레코드씩 출력한다.

```
cursor.execute("SELECT * FROM employees ORDER BY name")
for x in cursor.fetchall():
    print(x)
```

employees 테이블의 모든 데이터를 가져와서 이름순으로 정렬하고 한 줄에 한 레코드씩 출력한다.

```
cursor.execute("SELECT * FROM employees WHERE salary>20000")
```

employees 테이블의 모든 데이터 중 급여가 20,000을 넘는 데이터만 가져온다.

```
cursor.execute("SELECT * FROM employees WHERE dept='Sales'")
```

employees 테이블의 모든 데이터 중 부서가 'Sales'인 데이터만 가져온다.

```
cursor.execute("""SELECT employees.id,employees.name,dept.manager
    FROM employees,dept WHERE employees.dept=dept.dept
    AND employees.salary>20000""")
```

급여가 20,000을 넘을 경우, employees 테이블에서의 ID 필드와 name 필드를 가져오고, department 테이블에서의 manager 필드를 가져온다.

```
cursor.execute("SELECT id,name,salary FROM employees")
```

employees 테이블에서 ID, name 그리고 salary 필드를 가져온다.

```
whichDept = input("Enter a department: ")
cursor.execute("SELECT * FROM employees WHERE dept=?",[whichDept])
for x in cursor.fetchall():
    print(x)
```

사용자가 부서를 입력하면 해당 부서의 모든 직원 레코드를 출력한다.

```
cursor.execute("""SELECT employees.id,employees.name,dept.manager
    FROM employees,dept WHERE employees.dept=dept.dept""")
```

employees 테이블과 department 테이블의 데이터를 dept 필드로 연결하여 employees 테이블에서의 ID 필드
와 name 필드를 가져오고 department 테이블에서의 manager 필드를 가져온다. 두 테이블을 연결하는 방식을 지
정하지 않는다면, 파이썬은 모든 직원이 모든 부서에서 일한다고 가정할 것이며 예상치 못한 결과를 얻게 된다.

```
cursor.execute("UPDATE employees SET name = 'Tony' WHERE id=1")
db.commit()
```

테이블의 데이터를 업데이트(원래의 데이터에 덮어쓰기)하여 ID가 1인 레코드의 name을 'Tony'로 변경한다.

```
cursor.execute("DELETE employees WHERE id=1")
```

employees 테이블에서 ID가 1인 레코드를 삭제한다.

챌린지

139

다음의 데이터로 구성된 Names라는 이름의 테이블을 가지고 있는 PhoneBook이라는 SQL 데이터베이스를 생성하자.

ID	이름	성	전화번호
1	Simon	Howels	01223 349752
2	Karen	Phillips	01954 295773
3	Darren	Smith	01583 749012
4	Anne	Jones	01323 567322
5	Mark	Smith	01223 855534

141

저자의 목록과 그들이 쓴 저서를 저장할 BookInfo라는 새로운 SQL 데이터베이스를 생성한다. 여기에는 두 개의 테이블이 있게 된다. 첫 번째는 Authors라는 테이블이며 다음과 같은 데이터를 가진다.

이름	출생지
Agatha Christie	Torquay
Cecelia Ahern	Dublin
J.K. Rowling	Bristol
Oscar Wilde	Dublin

두 번째는 Books라는 테이블이며 다음의 데이터를 가진다.

ID	제목	저자	출간일
1	De Profundis	Oscar Wilde	1905
2	Harry Potter and the chamber of secrets	J.K. Rowling	1998
3	Harry Potter and the prisoner of Azkaban	J.K. Rowling	1999
4	Lyrebird	Cecelia Ahern	2017
5	Murder on the Orient Express	Agatha Christie	1934
6	Perfect	Cecelia Ahern	2017
7	The marble collector	Cecelia Ahern	2016
8	The murder on the links	Agatha Christie	1923
9	The picture of Dorian Gray	Oscar Wilde	1890
10	The secret adversary	Agatha Christie	1921
11	The seven dials mystery	Agatha Christie	1929
12	The year I met you	Cecelia Ahern	2014

140

139번 프로그램에서 만든 PhoneBook 데이터베이스를 사용하여 다음과 같은 메뉴가 표시되는 프로그램을 작성하자.

```
Main Menu

1) View phone book
2) Add to phone book
3) Search for surname
4) Delete person from phone
book
5) Quit

Enter your selection:
```

사용자가 1번을 선택하면 전체 레코드를 조회할 수 있다. 2번을 선택하면 새로운 사람을 추가할 수 있게 한다. 3번을 선택하면 사용자에게 성(surname)을 입력하라고 요청하고 그 성을 가진 사람들의 레코드만 표시한다. 4번을 선택하면 ID를 입력하라고 요청하고 입력된 ID의 레코드를 테이블에서 삭제한다. 5번을 선택하면 프로그램을 종료한다. 마지막으로, 잘못된 메뉴를 선택하게 되면 적절한 메시지를 표시한다. 사용자가 5번을 선택할 때까지 각 작업이 끝나면 다시 메뉴로 돌아오게 한다.

142

141번 프로그램의 BookInfo 데이터베이스를 사용하여 저자와 그의 출생지 목록을 출력한다. 출생지를 입력하라고 요청하고, 입력된 값에서 태어난 저자의 모든 책에 대한 제목과 출간일 그리고 저자의 이름을 표시하도록 하자.

143

BookInfo 데이터베이스를 사용한다. 사용자에게 연도를 입력하라고 요청하고, 입력된 연도 이후의 모든 책을 출간된 연도순으로 정렬하여 출력하라.

144

BookInfo 데이터베이스를 사용한다. 사용자에게 저자의 이름을 입력하라고 요청하고, 입력된 저자의 모든 책 정보를 텍스트 파일에 저장하라. 각 필드는 다음과 같이 대시(-)로 구분하라.

```
5 - Murder on the Orient Express - Agatha Christie - 1934
8 - The murder on the links - Agatha Christie - 1923
10 - The secret adversary - Agatha Christie - 1921
11 - The seven dials mystery - Agatha Christie - 1929
```

생성된 파일을 열어 제대로 되었는지 확인하자.

여러분은 정말 많은 것을 배웠어요.
배웠던 기술과 해결한 챌린지들을
돌아보세요. 정말 대단해요!

145

다음과 같은 화면을 표시하는 프로그램을 만든다.

Add 버튼을 클릭하면 TestScores라는 이름의 SQL 데이터베이스에 입력한 데이터를 저장하고, Clear 버튼은 입력된 것을 지워야 한다.

정답

```
import sqlite3

with sqlite3.connect("PhoneBook.db") as db:
    cursor = db.cursor()

cursor.execute(""" CREATE TABLE IF NOT EXISTS Names(
id integer PRIMARY KEY,
firstname text,
surname text,
phonenumber text); """)

cursor.execute(""" INSERT INTO Names(id, firstname, surname, phonenumber)
VALUES("1", "Simon", "Howels", "01223 349752")""")
db.commit()

cursor.execute(""" INSERT INTO Names(id, firstname, surname, phonenumber)
VALUES("2", "Karen", "Phillips", "01954 295773")""")
db.commit()

cursor.execute(""" INSERT INTO Names(id, firstname, surname, phonenumber)
VALUES("3", "Darren", "Smith", "01583 749012")""")
db.commit()

cursor.execute(""" INSERT INTO Names(id, firstname, surname, phonenumber)
VALUES("4", "Anne", "Jones", "01323 567322")""")
db.commit()

cursor.execute(""" INSERT INTO Names(id, firstname, surname, phonenumber)
VALUES("5", "Mark", "Smith", "01223 855534")""")
db.commit()

db.close()
```

```
import sqlite3

def viewphonebook():
    cursor.execute("SELECT * FROM Names")
    for x in cursor.fetchall():
        print(x)

def addtophonebook():
```

```python
        newid = int(input("Enter ID: "))
        newfname = input("Enter first name: ")
        newsname = input("Enter surname: ")
        newpnum = input("Enter phone number: ")
        cursor.execute("""INSERT INTO Names (id, firstname, surname, phonenumber)
VALUES (?, ?, ?, ?)""", (newid, newfname, newsname, newpnum))
        db.commit()

def selectname():
    selectsurname = input("Enter a surname: ")
    cursor.execute("SELECT * FROM Names WHERE surname = ?", [selectsurname])
    for x in cursor.fetchall():
        print(x)

def deletedata():
    selectid = int(input("Enter ID: "))
    cursor.execute("DELETE FROM Names WHERE id = ?", [selectid])
    cursor.execute("SELECT * FROM Names")
    for x in cursor.fetchall():
        print(x)
    db.commit()

with sqlite3.connect("PhoneBook.db") as db:
    cursor = db.cursor()

def main():
    again = "y"
    while again == "y":
        print()
        print("Main Menu")
        print()
        print("1) View phone book")
        print("2) Add to phone book")
        print("3) Search for surname")
        print("4) Delete person from phone book")
        print("5) Quit")
        print()
        selection = int(input("Enter your selection: "))
        print()

        if selection == 1:
            viewphonebook()
        elif selection == 2:
            addtophonebook()
        elif selection == 3:
            selectname()
        elif selection == 4:
            deletedata()
```

```
            elif selection == 5:
                again = "n"
            else:
                print("Incorrect selection entered")

main()
db.close()
```

```
import sqlite3

with sqlite3.connect("BookInfo.db") as db:
    cursor = db.cursor()

cursor.execute("""CREATE TABLE IF NOT EXISTS Authors(
Name text PRIMARY KEY,
PlaceofBirth text); """)

cursor.execute("""INSERT INTO Authors(Name, PlaceofBirth)
VALUES("Agatha Christie", "Torquay")""")
db.commit()

cursor.execute("""INSERT INTO Authors(Name, PlaceofBirth)
VALUES("Cecelia Ahern", "Dublin")""")
db.commit()

cursor.execute("""INSERT INTO Authors(Name, PlaceofBirth)
VALUES("J.K. Rowling", "Bristol")""")
db.commit()

cursor.execute("""INSERT INTO Authors(Name, PlaceofBirth)
VALUES("Oscar Wilde", "Dublin")""")
db.commit()

cursor.execute("""CREATE TABLE IF NOT EXISTS Books(
ID integer PRIMARY KEY,
Title text,
Author text,
DatePublished integer); """)

cursor.execute("""INSERT INTO Books(ID, Title, Author, DatePublished)
VALUES("1", "De Profundis", "Oscar Wilde", "1905")""")
db.commit()

cursor.execute("""INSERT INTO Books(ID, Title, Author, DatePublished)
VALUES("2", "Harry Potter and the chamber of secrets", "J.K. Rowling", "1998")""")
db.commit()
```

```
cursor.execute("""INSERT INTO Books(ID, Title, Author, DatePublished)
VALUES("3", "Harry Potter and the prisoner of Azkaban", "J.K. Rowling", "1999")""")
db.commit()

cursor.execute("""INSERT INTO Books(ID, Title, Author, DatePublished)
VALUES("4", "Lyrebird", "Cecelia Ahern", "2017")""")
db.commit()

cursor.execute("""INSERT INTO Books(ID, Title, Author, DatePublished)
VALUES("5", "Murder on the Orient Express", "Agatha Christie", "1934")""")
db.commit()

cursor.execute("""INSERT INTO Books(ID, Title, Author, DatePublished)
VALUES("6", "Perfect", "Cecelia Ahern", "2017")""")
db.commit()

cursor.execute("""INSERT INTO Books(ID, Title, Author, DatePublished)
VALUES("7", "The marble collector", "Cecelia Ahern", "2016")""")
db.commit()

cursor.execute("""INSERT INTO Books(ID, Title, Author, DatePublished)
VALUES("8", "The murder on the links", "Agatha Christie", "1923")""")
db.commit()

cursor.execute("""INSERT INTO Books(ID, Title, Author, DatePublished)
VALUES("9", "The picture of Dorian Gray", "Oscar Wilde", "1890")""")
db.commit()

cursor.execute("""INSERT INTO Books(ID, Title, Author, DatePublished)
VALUES("10", "The secret adversary", "Agatha Christie", "1921")""")
db.commit()

cursor.execute("""INSERT INTO Books(ID, Title, Author, DatePublished)
VALUES("11", "The seven dials mystery", "Agatha Christie", "1929")""")
db.commit()

cursor.execute("""INSERT INTO Books(ID, Title, Author, DatePublished)
VALUES("12", "The year I met you", "Cecelia Ahern", "2014")""")
db.commit()

db.close()
```

```python
import sqlite3

with sqlite3.connect("BookInfo.db") as db:
    cursor = db.cursor()

cursor.execute("SELECT * FROM Authors")
for x in cursor.fetchall():
    print(x)

print()
location = input("Enter a place of birth: ")
print()

cursor.execute("""SELECT Books.Title, Books.DatePublished, Books.Author
FROM Books, Authors WHERE Authors.Name = Books.Author
AND Authors.PlaceofBirth = ?""", [location])
for x in cursor.fetchall():
    print(x)

db.close()
```

```python
import sqlite3

with sqlite3.connect("BookInfo.db") as db:
    cursor = db.cursor()

selectionyear = int(input("Enter a year: "))
print()

cursor.execute("""SELECT Books.Title, Books.DatePublished, Books.Author
FROM Books WHERE DatePublished > ? ORDER BY DatePublished""", [selectionyear])
for x in cursor.fetchall():
    print(x)

db.close()
```

```python
import sqlite3

file = open("BooksList.txt", "w")

with sqlite3.connect("BookInfo.db") as db:
    cursor = db.cursor()

cursor.execute("SELECT Name FROM Authors")
```

```
for x in cursor.fetchall():
    print(x)

print()
selectauthor = input("Enter an author's name: ")
print()

cursor.execute("SELECT * FROM Books WHERE Author = ?", [selectauthor])
for x in cursor.fetchall():
    newrecord = str(x[0]) + " - " + x[1] + " - " + x[2] + " - " + str(x[3]) + "\n"
    file.write(newrecord)

file.close()

db.close()
```

```
import sqlite3
from tkinter import *

def addtolist():
    newname = sname.get()
    newgrade = sgrade.get()
    cursor.execute("""INSERT INTO Scores (name, score)
VALUES (?, ?)""", (newname, newgrade))
    db.commit()
    sname.delete(0, END)
    sgrade.delete(0, END)
    sname.focus()

def clearlist():
    sname.delete(0, END)
    sgrade.delete(0, END)
    sname.focus()

with sqlite3.connect("TestScore.db") as db:
    cursor = db.cursor()

cursor.execute("""CREATE TABLE IF NOT EXISTS Scores(
id integer PRIMARY KEY, name text, score integer);""")

window = Tk()
window.title("TestScores")
window.geometry("450x200")

label1 = Label(text = "Enter student's name:")
label1.place(x = 30, y = 35)
sname = Entry(text = "")
```

```
sname.place(x = 170, y = 35, width = 200, height = 25)
sname.focus()
label2 = Label(text = "Enter student's grade:")
label2.place(x = 30, y = 80)
sgrade = Entry(text = "")
sgrade.place(x = 170, y = 80, width = 200, height = 25)
sgrade.focus()
addbtn = Button(text = "Add", command = addtolist)
addbtn.place(x = 170, y = 120, width = 75, height = 25)
clearbtn = Button(text = "Clear", command = clearlist)
clearbtn.place(x = 270, y = 120, width = 75, height = 25)

window.mainloop()
db.close()
```

PART II

규모가 있는 챌린지

Chunky Challenges

이번 파트에서는 몇 가지 큰 규모의 프로그래밍 챌린지를 해결해야 한다. 이들 과제는 이전 과제보다 해결하는 데 시간이 더 많이 걸릴 것이며, 앞에서 해결했던 챌린지들을 참고하여 여러분이 배웠던 내용을 상기해야 할 것이다. 이전 파트의 코드를 찾아본다고 해서 부끄러워 하지는 말자. 익숙하지 않은 까다로운 코드를 만나게 되면 경력이 많은 프로그래머도 이전에 배웠던 코드를 통해 도움을 얻는다. 그 모두가 학습 과정의 일부이며, 이 책은 그렇게 사용되도록 집필되었다.

각 챌린지에는 여러분이 과제를 시작할 준비가 되었는지 결정할 수 있도록 그 과제를 해결하는 데 필요한 기술들이 나열되어 있다. 또한, 챌린지에 대한 설명과 해결해야 할 문제에 대한 요약도 포함되어 있다. 정답 코드 역시 이전보다 길어서 여러 페이지가 되겠지만, 단일 프로그램에 대한 연속된 코드로 읽어야 한다. 만약 프로그램을 여러 페이지로 나눠야 할 경우에는 함수 단위로 나누거나 코드가 자연스럽게 끝나는 지점에서 페이지를 나눴다.

챌린지에 대한 내용을 끝까지 읽고 프로그램 작성을 시작하자. 그러면 챌린지에 포함된 문제를 파악하게 된다. 챌린지를 읽고 난 후 자리에 앉아서 어떻게 접근할 것인지를 생각해 보자. 몇 가지를 메모해 두고 싶을 수 있고, 여러분의 통찰력이 좋아서 어떻게 풀어야 할지 알겠다면 플로우 차트를 바로 작성해 볼 수도 있다. 어느 방향으로 해결해 가야 하는지 모르는 상태에서 코딩을 하는 것은 의미가 없다. 그렇게 하면 혼란에 빠질 수 있고 자신감이 떨어질 수 있다. 계획을 세우고 큰 문제를 작고 관리하기 쉬운 크기로 나눈 후, 각 문제를 해결하고 테스트해 나가자. 이제 물 한 잔을 먼저 마시자. 그리고 공책과 연필을 든 채 심호흡을 크게 한 뒤 페이지를 넘겨 첫 번째 챌린지를 시작하자.

챌린지 146 시프트 코드

이번 챌린지에서는 다음의 기술이 필요하다.

- 입력과 데이터 출력
- if 문
- 리스트
- 루프(while 그리고 for)
- 문자열 나누기와 결합하기
- 함수

챌린지

시프트 코드(shift code)는 메시지를 쉽게 인코딩할 수 있게 하는 것으로, 가장 단순한 코드 중 하나다. 메시지의 각 문자는 정해진 만큼 알파벳을 이동하여 새로운 문자를 나타낸다. 예를 들어, 시프트 코드가 1만큼 이동하게 한다면(즉, 알파벳의 각 문자가 한 문자 앞으로 이동하게 된다면) 'abc'는 'bcd'가 된다.

다음과 같은 메뉴가 표시되는 프로그램을 생성하자.

```
1) Make a code
2) Decode a message
3) Quit

Enter your selection:
```

사용자가 1번을 선택하면 공백을 포함한 메시지를 만들 수 있으며, 숫자를 입력할 수 있어야 한다. 그러면 입력된 숫자만큼 시프트 코드가 적용된 후에 인코딩된 메시지를 출력한다.

2번을 선택하면 인코딩된 메시지와 올바른 숫자를 입력해야 디코딩된 메시지가 출력된다. 즉, 각 문자를 입력한 숫자만큼 뒤로 이동하여 원래의 문자를 찾도록 한다.

3번을 선택하면 프로그램을 중지시킨다.

종료를 선택하기 전까지는 메시지를 인코딩 또는 디코딩한 다음에 메뉴가 다시 표시되어야 한다.

해결해야 할 문제

대소문자를 모두 허용할 것인지, 아니면 하나로 통일하여 변환할지를 결정하자.

구두점을 허용할 것인지를 결정하자.

만약 시프트로 인해 문자가 알파벳의 끝을 넘어가게 된다면 처음으로 다시 돌아가야 한다. 즉, 사용자가 'xyz'를 입력하고 시프트 숫자로 5를 입력했다면, 이것은 'bcd'를 출력해야 한다. 메시지를 디코딩하는 방법도 마찬가지로 'a'라는 문자는 'w'가 되어야 한다.

사용자가 메뉴 번호를 잘못 입력하거나 올바르지 않은 숫자로 시프트 코드를 만들 경우에 적절한 메시지를 표시하도록 한다.

코드에서 'abcdefghijklmnopqrstuvwxyz '만 사용하는 경우(마지막에 공백이 있음에 유의하자), 숫자 7로 생성된 'we ovugjohsslunl' 메시지를 디코딩하여 테스트해 보자.

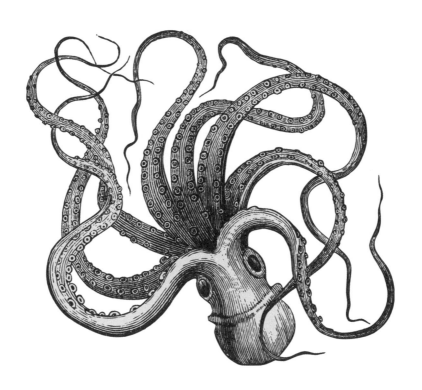

```python
alphabet = ["a", "b", "c", "d", "e", "f", "g", "h", "i", "j",
            "k", "l", "m", "n", "o", "p", "q", "r", "s", "t",
            "u", "v", "w", "x", "y", "z", " "]

def get_data():
    word = input("Enter your message: ")
    word = word.lower()
    num = int(input("Enter a number (1-26): "))
    if num > 26 or num == 0:
        while num > 26 or num == 0:
            num = int(input("Out of range, please enter a number (1-26): "))
    data = (word, num)
    return(data)

def make_code(word, num):
    new_word = ""
    for x in word:
        y = alphabet.index(x)
        y = y + num
        if y > 26:
            y = y - 27
        char = alphabet[y]
        new_word = new_word + char
    print(new_word)
    print()

def decode(word, num):
    new_word = ""
    for x in word:
        y = alphabet.index(x)
        y = y - num
        if y < 0:
            y = y + 27
        char = alphabet[y]
        new_word = new_word + char
    print(new_word)
    print()

def main():
    again = True
    while again == True:
        print("1) Make a code")
        print("2) Decode a message")
        print("3) Quit")
```

```python
        print()
        selection = int(input("Enter your selection: "))
        if selection == 1:
            (word, num) = get_data()
            make_code(word, num)
        elif selection == 2:
            (word, num) = get_data()
            decode(word, num)
        elif selection == 3:
            again = False
        else:
            print("Incorrect selection")

main()
```

Mastermind

이번 챌린지에서는 다음의 기술이 필요하다.

- 입력과 데이터 출력
- 리스트
- 리스트에서 임의의 선택하기
- if 문
- 루프(while 그리고 for)
- 함수

챌린지

'Mastermind' 보드 게임을 화면(on-screen) 버전으로 만들 것이다. 프로그램은 색상 목록에서 네 가지 색상을 자동으로 지정하며, 무작위로 동일한 색상을 두 번 이상 선택할 수 있다. 예를 들어, 프로그램이 'red', 'blue', 'red', 'green'을 선택하게 된다. 이 색상들은 사용자에게 표시되지 않아야 한다.

이 작업이 끝나면 사용자는 프로그램이 사용한 것과 동일한 색상 목록에서 네 가지 색상을 선택해야 한다. 예를 들어, 'pink', 'blue', 'yellow' 그리고 'red'를 선택할 수 있다.

사용자가 선택을 마치면 프로그램은 올바른 위치에 올바른 색상이 몇 개이며, 색상은 맞지만 위치가 맞지 않은 것이 몇 개인지 표시한다. 앞의 예에서는 'Correct colour in the correct place: 1'이라는 메시지와 'Correct colour but in the wrong place: 1'이라는 메시지가 표시되어야 한다.

올바른 위치에 올바른 색상 네 개를 사용자가 선택할 때까지 프로그램은 계속된다. 이 게임이 끝나면 적절한 메시지를 표시하고 몇 번 시도했는지 알려주자.

해결해야 할 문제

이 게임에서 가장 어려운 부분은 올바른 위치에 올바른 색상이 몇 개이고 올바른 색상이지만 올바르지 않은 위치에 있는 색상이 몇 개인지를 확인하는 로직을 만드는 것이다. 앞의 예에서 사용자가 'blue', 'blue', 'blue', 'blue'라고 고른다면 'Correct colour in the correct place: 1' 그리고 'Correct colour but in the wrong place: 0' 메시지가 표시되어야 한다.

사용자가 선택 항목을 입력하는 가장 쉬운 방법(예를 들어, 색상을 나타내는 코드 또는 단일 문자를 사용)이 있는지 결정해야 한다. 첫 번째 문자를 사용한다면 유일한 첫 번째 문자를 가진 색상만 사용해야 한다. blue, black 그리고 brown을 모두 사용할 수 없고 이들 중 하나만 선택해야 한다. 사용자에게 사용법을 명확하게 설명하자.

대소문자를 모두 허용할 것인지, 아니면 하나로 통일하여 변환할지를 결정하자.

사용자가 유효한 데이터만 입력하는지 확인하고, 올바르지 않게 입력했을 때는 적절한 메시지를 표시하도록 유효성 검사를 만들어야 한다. 사용자가 올바르지 않은 선택을 했을 때 틀렸다고 하기보다는 다시 입력하도록 하자.

147

```
import random

def select_col():
    colours = ["r", "b", "o", "y", "p", "g", "w"]
    c1 = random.choice(colours)
    c2 = random.choice(colours)
    c3 = random.choice(colours)
    c4 = random.choice(colours)
    data = (c1, c2, c3, c4)
    return data

def tryit(c1, c2, c3, c4):
    print("The colours are: (r)ed, (b)lue, (o)range, (y)ellow, (p)ink, (g)reen ↵
and (w)hite.")
    try_again = True
    while try_again == True:
        u1 = input("Enter your choice for place 1: ")
        u1 = u1.lower()
        if u1 != "r" and u1 != "b" and u1 != "o" and u1 != "y" and u1 != "p" ↵
and u1 != "g"and u1 != "w":
            print("Incorrect selection")
        else:
            try_again = False
    try_again = True
    while try_again == True:
        u2 = input("Enter your choice for place 2: ")
        u2 = u2.lower()
        if u2 != "r" and u2 != "b" and u2 != "o" and u2 != "y" and u2 != "p" ↵
and u2 != "g"and u2 != "w":
            print("Incorrect selection")
        else:
            try_again = False
    try_again = True
    while try_again == True:
        u3 = input("Enter your choice for place 3: ")
        u3 = u3.lower()
        if u3 != "r" and u3 != "b" and u3 != "o" and u3 != "y" and u3 != "p" ↵
and u3 != "g"and u3 != "w":
            print("Incorrect selection")
        else:
            try_again = False
    try_again = True
    while try_again == True:
        u4 = input("Enter your choice for place 4: ")
```

```
            u4 = u4.lower()
            if u4 != "r" and u4 != "b" and u4 != "o" and u4 != "y" and u4 != "p" ↵
and u4 != "g"and u4 != "w":
                print("Incorrect selection")
            else:
                try_again = False
        correct = 0
        wrong_place = 0
        if c1 == u1:
            correct = correct + 1
        elif c1 == u2 or c1 == u3 or c1 == u4:
            wrong_place = wrong_place + 1
        if c2 == u2:
            correct = correct + 1
        elif c2 == u1 or c2 == u3 or c2 == u4:
            wrong_place = wrong_place + 1
        if c3 == u3:
            correct = correct + 1
        elif c3 == u1 or c3 == u2 or c3 == u4:
            wrong_place = wrong_place + 1
        if c4 == u4:
            correct = correct + 1
        elif c4 == u1 or c4 == u2 or c4 == u3:
            wrong_place = wrong_place + 1
        print("Correct colour in the correct place: ", correct)
        print("Correct colour but in the wrong place: ", wrong_place)
        print()
        data2 = [correct, wrong_place]
        return data2

def main():
    (c1, c2, c3, c4) = select_col()
    score = 0
    play = True
    while play == True:
        (correct, wrong_place) = tryit(c1, c2, c3, c4)
        scroe = score + 1
        if correct == 4:
            play = False
    print("You win!")
    print("You took", score, "guesses")

main()
```

**챌린지
148**

비밀번호

이번 챌린지에서는 다음의 기술이 필요하다.

- 입력과 데이터 출력
- 리스트
- if 문

- 루프(while 그리고 for)
- 함수
- csv 파일에 저장하고 읽어오기

챌린지

시스템 사용자의 사용자 ID와 비밀번호를 저장하는 프로그램을 생성해야 한다. 이번 프로그램은 다음과 같은 메뉴가 표시되도록 하자.

```
1) Create a new User ID
2) Change a password
3) Display all User IDs
4) Quit

Enter Selection:
```

사용자가 1번을 선택하면 사용자 ID를 입력하도록 요청한다. 입력된 ID가 목록에 이미 있는지 확인해야 한다. 만약 목록에 있는 ID라면 프로그램은 적절한 메시지를 표시하고 다른 ID를 입력하도록 요청한다. 적절한 사용자 ID가 입력되면 비밀번호를 입력하라고 요청한다. 비밀번호는 다음의 각 항목에 대해 1점씩 점수가 주어진다.

- 8자 이상이어야 한다
- 대문자를 포함해야 한다
- 소문자를 포함해야 한다
- 숫자를 포함해야 한다
- !, $, %, &, <, * 또는 @와 같은 특수 문자를 하나 이상 포함해야 한다.

비밀번호 점수가 1 또는 2점이면 약한 비밀번호라는 메시지와 함께 거절되어야 한다. 3 또는 4점이면 'This password could be improved'라는 메시지를 표시하고 다시 입력하고 싶은지 묻는다. 만약 5점이면 강력한 비밀번호라고 알려준다. 통과한 사용자 ID와 비밀번호만 csv 파일의 끝에 추가되어야 한다.

사용자가 메뉴에서 2번을 선택하면 사용자 ID를 입력하라고 요청하고, 입력된 ID가 목록에 있는지를 확인하여 존재한다면 비밀번호를 변경하게 하고 그 내용을 csv 파일에 저장한다. 프로그램은 새로운 레코드를 생성하는 게 아니라 기존의 비밀번호만 변경하도록 한다.

메뉴에서 3번을 선택한다면 모든 사용자 ID와 비밀번호를 출력한다.

4번을 선택하면 프로그램을 종료한다.

해결해야 할 문제

csv 파일에 있는 기존의 데이터는 편집할 수 없으며 오직 읽거나 추가만 할 수 있다. 따라서 파일의 데이터를 파이썬의 임시 리스트로 가져와야 하며, csv 파일에 새롭게 데이터를 쓰기 전에 필요한 내용을 변경해야 한다.

기존의 사용자 ID에 속한 비밀번호만 변경되도록 하자.

사용자가 시스템을 쉽게 사용할 수 있도록 적절한 메시지를 사용하여 안내하자.

프로그램이 종료될 때까지 메뉴가 계속 반복되도록 한다.

이번 챌린지를 해결하려면 'passwords.csv'라는 이름의 csv 파일을 먼저 만들어야 할 것이다. 이를 위한 코드를 따로 만들어서 하든지, 아니면 간단한 엑셀(Excel) 파일을 만들고 이를 csv 파일로 저장하자. 이렇게 만든 파일은 이번 프로그램과 동일한 위치에 저장되어야 한다.

```python
import csv

def get_data():
    file = list(csv.reader(open("passwords.csv")))
    tmp = []
    for x in file:
        tmp.append(x)
    return tmp

def create_userID(tmp):
    name_again = True
    while name_again == True:
        userID = input("Enter a new user ID: ")
        userID.lower()
        inlist = False
        for y in tmp:
            if userID in y[0]:
                print(userID, "has already been allocated")
                inlist = True
        if inlist == False:
            name_again = False
    return userID

def create_password():
    sclist = ["!", "£", "$", "%", "^", "&", "*", "(", ")", "?", "@", "#"]
    nclist = ["1", "2", "3", "4", "5", "6", "7", "8", "9", "0"]
    tryagain = True
    while tryagain == True:
        score = 0
        uc = False
        lc = False
        sc = False
        nc = False
        password = input("Enter Password: ")
        length = len(password)
        if length >= 8:
            score = score + 1
```

```python
        for x in password:
            if x.islower():
                lc = True
            if x.isupper():
                uc = True
            if x in sclist:
                sc = True
            if x in nclist:
                nc = True
        if lc == True:
            score = score + 1
        if uc == True:
            score = score + 1
        if sc == True:
            score = score + 1
        if nc == True:
            score = score + 1
        if score == 1 or score == 2:
            print("This is a weak password, try again")
        if score == 3 or score == 4:
            print("This password could be improved")
            again = input("Do you want to try for a stronger password? (y/n) ")
            again.lower()
            if again == "n":
                tryagain = False
        if score == 5:
            print("This is a strong password")
            tryagain = False

    return password

def find_userID(tmp):
    ask_name_again = True
    userID = ""
    while ask_name_again == True:
        searchID = input("Enter the user ID you are looking for ")
        searchID.lower()
        inlist = False
        for y in tmp:
            if searchID in y[0]:
                inlist = True
        if inlist == Ture:
            userID = searchID
            ask_name_again = False
        else:
            print(searchID, "is NOT in the list")
    return userID
```

```python
def chagne_password(userID, tmp):
    if userID != "":
        password = create_password()
        ID = userID.index(userID)
        tmp[ID][1] = password
        file = open("passwords.csv", "w")
        for row in tmp:
            newrecord = row[0] + ", " + row[1] + "\n"
            file.write(newrecord)
        file.close()

def display_all_userID():
    tmp = get_data()
    for row in tmp:
        print(row[0])

def main():
    tmp = get_data()
    go_again = True
    while go_again == True:
        print()
        print("1) Create a new User ID")
        print("2) Change a password")
        print("3) Display all User IDs")
        print("4) Quit")
        print()
        selection = int(input("Enter Selection: "))
        if selection == 1:
            userID = create_userID(tmp)
            password = create_password()
            file = open("passwords.csv", "a")
            newrecord = userID + ", " + password + "\n"
            file.write(str(newrecord))
            file.close()
            tmp = get_data()
        elif selection == 2:
            userID = find_userID(tmp)
            change_password(userID, tmp)
        elif selection == 3:
            display_all_userID()
        elif selection == 4:
            go_again = False
        else:
            print("Incorrect selection")

main()
```

곱셈표(GUI)

이번 챌린지에서는 다음의 기술이 필요하다.

- 루프(while 그리고 for)
- 함수
- Tkinter 라이브러리

챌린지

다음과 같은 화면을 표시하는 프로그램을 만들자.

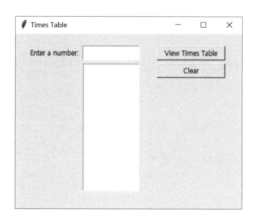

사용자가 첫 번째 박스에 숫자를 입력하고 'View Times Table' 버튼을 클릭하면 리스트 영역에 곱셈표가 표시되어야 한다.

예를 들어, 사용자가 99를 입력하면 다음과 같이 표시된다.

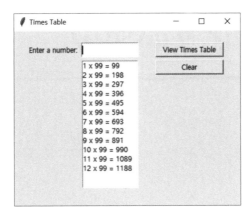

'Clear' 버튼은 모든 내용을 삭제해야 한다.

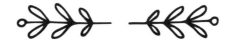

해결해야 할 문제

단순히 곱셈의 결과만 표시하기보다는 곱셈 식을 표현하길 원하며, 이를 위해서는 다음의 코드가 도움이 될 것이다.

```
num_list.insert(END, (i, "x", num, "=", answer))
```

포커스가 올바른 위치에 있도록 하여 최대한 사용하기 쉽게 한다.

정답

```python
from tkinter import *

def show_table():
    num = num_box.get()
    num = int(num)
    value = 1
    for i in range(1, 13):
        answer = i * num
        num_list.insert(END, (i, "x", num, "=", answer))
        value = value + 1
    num_box.delete(0, END)
    num_box.focus()

def clear_list():
    num_box.delete(0, END)
    num_list.delete(0, END)
    num_box.focus()

window = Tk()
window.title("Times Table")
window.geometry("400x300")

label1 = Label(text = "Enter a number:")
label1.place(x = 20, y = 20, width = 100, height = 25)


num_box = Entry(text = 0)
num_box.place(x = 120, y = 20, width = 100, height = 25)
num_box.focus()

button1 = Button(text = "View Times Table", command = show_table)
button1.place(x = 250, y = 20, width = 120, height = 25)

num_list = Listbox()
num_list.place(x = 120, y = 50, width = 100, height = 220)

button2 = Button(text = "Clear", command = clear_list)
button2.place(x = 250, y = 50, width = 120, height = 25)

window.mainloop()
```

아트 갤러리

이번 챌린지에서는 다음의 기술이 필요하다.

- Tkinter 라이브러리
- SQLite 3

챌린지

작은 아트 갤러리에서 여러 아티스트의 작품을 판매하고 있으며, SQL 데이터베이스를 사용하여 그림을 추적하고자 한다. 작품을 추적하기 위한 사용자 친화적인 시스템을 만들어야 한다. 이번 챌린지에서는 GUI를 사용해야 한다. 다음은 데이터베이스에 저장해야 하는 최신 데이터다.

작가 주소록:

ArtistID	Name	Address	Town	County	Postcode
1	Martin Leighton	5 Park Place	Peterborough	Cambridgeshire	PE32 5LP
2	Eva Czarniecka	77 Warner Close	Chelmsford	Essex	CM22 5FT
3	Roxy Parkin	90 Hindhead Road		London	SE12 6WM
4	Nigel Farnworth	41 Whitby Road	Huntly	Aberdeenshire	AB54 5PN
5	Teresa Tanner	70 Guild Street		London	NW7 1SP

작품:

PieceID	ArtistID	Title	Medium	Price
1	5	Woman with black Labrador	Oil	220
2	5	Bees & thistles	Watercolour	85
3	2	A stroll to Westminster	Ink	190
4	1	African giant	Oil	800
5	3	Water daemon	Acrylic	1700
6	4	A seagull	Watercolour	35
7	1	Three friends	Oil	1800

PieceID	ArtistID	Title	Medium	Price
8	2	Summer breeze 1	Acrylic	1350
9	4	Mr Hamster	Watercolour	35
10	1	Pulpit Rock, Dorset	Oil	600
11	5	Trawler Dungeness beach	Oil	195
12	2	Dance in the snow	Oil	250
13	4	St Tropez port	Ink	45
14	3	Pirate assassin	Acrylic	420
15	1	Morning walk	Oil	800
16	4	A baby barn swallow	Watercolour	35
17	4	The old working mills	Ink	395

해결해야 할 문제

이 아트 갤러리는 새로운 작가와 작품을 추가할 수 있어야 한다.

작품이 판매되면 그 작품에 대한 데이터를 SQL 데이터베이스에서 삭제하고 별도의 텍스트 파일에 저장해야 한다.

사용자는 작가, 제작 재료 또는 가격으로 검색할 수 있어야 한다.

```
🐍 150                                                              —  □  ✕
```

```python
import sqlite3
from tkinter import *

def addartist():
    newname = artistname.get()
    newaddress = artistadd.get()
    newtown = artisttown.get()
    newcounty = artistcounty.get()
    newpostcode = artistpostcode.get()
    cursor.execute("""INSERT INTO Artists (name, address, town, county, postcode)
VALUES (?, ?, ?, ?, ?)""", (newname, newaddress, newtown, newcounty, newpostcode))
    db.commit()
    artistname.delete(0, END)
    artistadd.delete(0, END)
    artisttown.delete(0, END)
    artistcounty.delete(0, END)
    artistpostcode.delete(0, END)
    artistname.focus()

def clearartist():
    artistname.delete(0, END)
    artistadd.delete(0, END)
    artisttown.delete(0, END)
    artistcounty.delete(0, END)
    artistpostcode.delete(0, END)
    artistname.focus()

def addart():
    newartname = artname.get()
    newtitle = arttitle.get()
    newmedium = medium.get()
    newprice = artprice.get()
    cursor.execute("""INSERT INTO Art (artistid, title, medium, price)
VALUES (?, ?, ?, ?)""", (newartname, newtitle, newmedium, newprice))
    db.commit()
    artname.delete(0, END)
    arttitle.delete(0, END)
    medium.delete(0, END)
    artprice.delete(0, END)
    artistname.focus()

def clearart():
    artname.delete(0, END)
    arttitle.delete(0, END)
```

```
        medium.delete(0, END)
        artprice.delete(0, END)
        artistname.focus()

def clearwindow():
    outputwindow.delete(0, END)

def viewartists():
    cursor.execute("SELECT * FROM Artists")
    for x in cursor.fetchall():
        newrecord = str(x[0]) + ", " + str(x[1]) + ", " + str(x[2]) + ", " + ⏎
str(x[3]) + ", " + str(x[4]) + ", " + str(x[5]) + "\n"
        outputwindow.insert(END, newrecord)

def viewart():
    cursor.execute("SELECT * FROM Art")
    for x in cursor.fetchall():
        newrecord = str(x[0]) + ", " + str(x[1]) + ", " + str(x[2]) + ", " + ⏎
str(x[3]) + ", £" + str(x[4]) + "\n"
        outputwindow.insert(END, newrecord)

def searchartistoutput():
    selectedartist = searchartist.get()
    cursor.execute("SELECT name FROM Artists WHERE artistid = ?", [selectedartist])
    for x in cursor.fetchall():
        outputwindow.insert(END, x)
        cursor.execute("SELECT * FROM Art WHERE artistid = ?", [selectedartist])
        for x in cursor.fetchall():
            newrecord = str(x[0]) + ", " + str(x[1]) + ", " + str(x[2]) + ", ⏎
" + str(x[3]) + ", £" + str(x[4]) + "\n"
            outputwindow.insert(END, newrecord)
    searchartist.delete(0, END)
    searchartist.focus()

def searchmediumoutput():
    selectedmedium = medium2.get()
    cursor.execute("""SELECT Art.pieceid, Artists.name, Art.title,
                    Art.medium, Art.price
                    FROM Artists, Art WHERE Artists.artistid = Art.artistid AND
                    Art.medium = ?""", [selectedmedium])
    for x in cursor.fetchall():
        newrecord = str(x[0]) + ", " + str(x[1]) + ", " + str(x[2]) + ", " + ⏎
str(x[3]) + ", £" + str(x[4]) + "\n"
        outputwindow.insert(END, newrecord)
    medium2.set("")

def searchbyprice():
    minprice = selectmin.get()
```

```
        maxprice = selectmax.get()
        cursor.execute("""SELECT Art.pieceid, Artists.name,
                    Art.title, Art.medium, Art.price
                    FROM Artists, Art WHERE Artists.artistid =
                    Art.artistid AND Art.price >= ? AND
                    Art.price <= ?""", [minprice, maxprice])
        for x in cursor.fetchall():
            newrecord = str(x[0]) + ", " + str(x[1]) + ", " + str(x[2]) + ", " + ⏎
str(x[3]) + ", £" + str(x[4]) + "\n"
            outputwindow.insert(END, newrecord)
        selectmin.delete(0, END)
        selectmax.delete(0, END)
        selectmin.focus()

def sold():
    file = open("SoldArt.txt", "a")
    selectedpiece = soldpiece.get()
    cursor.execute("SELECT * FROM Art WHERE pieceid = ?", [selectedpiece])
    for x in cursor.fetchall():
        newrecord = str(x[0]) + ", " + str(x[1]) + ", " + str(x[2]) + ", " + ⏎
str(x[3]) + ", £" + str(x[4]) + "\n"
        file.write(newrecord)
    file.close()
    cursor.execute("DELETE FROM Art WHERE pieceid = ?", [selectedpiece])
    db.commit()

with sqlite3.connect("Art.db") as db:
    cursor = db.cursor()

cursor.execute("""CREATE TABLE IF NOT EXISTS Artists(
                artistid integer PRIMARY KEY, name text, address text, town text,
                county text, postcode text);""")

cursor.execute("""CREATE TABLE IF NOT EXISTS Art(
                pieceid integer PRIMARY KEY, artistid integer, title text,
                medium text, price integer);""")

window = Tk()
window.title("Art")
window.geometry("1300x600")

title1 = Label(text = "Enter new details:")
title1.place(x = 10, y = 10, width = 150, height = 25)
artistnamelbl = Label(text = "Name:")
artistnamelbl.place(x = 30, y = 40, width = 80, height = 25)
artistname = Entry(text = "")
artistname.place(x = 110, y = 40, width = 200, height = 25)
artistname.focus()
```

```
artistaddlbl = Label(text = "Address:")
artistaddlbl.place(x = 310, y = 40, width = 80, height = 25)
artistadd = Entry(text = "")
artistadd.place(x = 390, y = 40, width = 200, height = 25)
artisttownlbl = Label(text = "Town:")
artisttownlbl.place(x = 590, y = 40, width = 80, height = 25)
artisttown = Entry(text = "")
artisttown.place(x = 670, y = 40, width = 200, height = 25)
artistcountylbl = Label(text = "County:")
artistcountylbl.place(x = 770, y = 40, width = 80, height = 25)
artistcounty = Entry(text = "")
artistcounty.place(x = 850, y = 40, width = 200, height = 25)
artistpostcodelbl = Label(text = "Postcode:")
artistpostcodelbl.place(x = 950, y = 40, width = 80, height = 25)
artistpostcode = Entry(text = "")
artistpostcode.place(x = 1030, y = 40, width = 200, height = 25)
addbtn = Button(text = "Add Artist", command = addartist)
addbtn.place(x = 110, y = 80, width = 130, height = 25)
clearbtn = Button(text = "clear Artist", command = clearartist)
clearbtn.place(x = 250, y = 80, width = 130, height = 25)

artnamelbl = Label(text = "Artist ID:")
artnamelbl.place(x = 30, y = 120, width = 80, height = 25)
artname = Entry(text = "")
artname.place(x = 110, y = 120, width = 50, height = 25)
arttitlelbl = Label(text = "Title:")
arttitlelbl.place(x = 200, y = 120, width = 80, height = 25)
arttitle = Entry(text = "")
arttitle.place(x = 280, y = 120, width = 280, height = 25)
artmediumlbl = Label(text = "Medium:")
artmediumlbl.place(x = 590, y = 120, width = 80, height = 25)
medium = StringVar(window)
artmedium = OptionMenu(window, medium, "Oil", "Watercolour", "Ink", "Acrylic")
artmedium.place(x = 670, y = 120, width = 100, height = 25)
artpricelbl = Label(text = "Price:")
artpricelbl.place(x = 770, y = 120, width = 80, height = 25)
artprice = Entry(text = "")
artprice.place(x = 850, y = 120, width = 80, height = 25)
addartbtn = Button(text = "Add Piece", command = addart)
addartbtn.place(x = 110, y = 150, width = 130, height = 25)
clearartbtn = Button(text = "clear Piece", command = clearart)
clearartbtn.place(x = 250, y = 150, width = 130, height = 25)

outputwindow = Listbox()
outputwindow.place(x = 10, y = 200, width = 1000, height = 350)

clearoutputwindow = Button(text = "Clear Output", command = clearwindow)
clearoutputwindow.place(x = 1020, y = 200, width = 155, height = 25)
```

```python
viewallartists = Button(text = "View All Artists", command = viewartists)
viewallartists.place(x = 1020, y = 230, width = 155, height = 25)
viewallart = Button(text = "View All Art", command = viewart)
viewallart.place(x = 1020, y = 260, width = 155, height = 25)
searchartist = Entry(text = "")
searchartist.place(x = 1020, y = 300, width = 50, height = 25)
searchartistbtn = Button(text = "Search by Artist", command = searchartistoutput)
searchartistbtn.place(x = 1075, y = 300, width = 100, height = 25)
medium2 = StringVar(window)
searchmedium = OptionMenu(window, medium2, "Oil", "Watercolour", "Ink", "Acrylic")
searchmedium.place(x = 1125, y = 330, width = 50, height = 25)
minlbl = Label(text = "Min:")
minlbl.place(x = 1020, y = 360, width = 75, height = 25)
maxlbl = Label(text = "Max:")
maxlbl.place(x = 1100, y = 360, width = 75, height = 25)
selectmin = Entry(text = "")
selectmin.place(x = 1020, y = 380, width = 75, height = 25)
selectmax = Entry(text = "")
selectmax.place(x = 1100, y = 380, width = 75, height = 25)
searchpricebtn = Button(text = "Search by Price", command = searchbyprice)
searchpricebtn.place(x = 1020, y = 410, width = 155, height = 25)
soldpiece = Entry(text = "")
soldpiece.place(x = 1020, y = 450, width = 50, height = 25)
soldbtn = Button(text = "Sold", command = sold)
soldbtn.place(x = 1075, y = 450, width = 100, height = 25)

window.mainloop()
db.close()
```

이 책의 모든 예제를 해봤다면 파이썬 프로그래밍의 기초에 대해 이해했을 것이다.

여러분은 점점 파이썬 언어의 구문에 더욱 익숙해질 것이고, 프로그래머들처럼 큰 문제를 작고 관리하기 쉬운 단위로 나눠서 생각하기 시작하게 될 것이다. 여러분이 배워 온 모든 것을 돌아본다면 여러분이 이룬 것들에 대해 만족감을 느낄 것이다. 프로그래밍을 배운다는 것은 헌신과 인내가 필요한 일이다. 이제 여러분은 파이썬으로의 여행을 계속할 수 있는 기본 기술을 갖추었다!

이 책에서 배운 기술은 강력한 프로그램을 만들 수 있게 해주겠지만, 지금은 편히 앉아서 휴식을 취할 때가 아니다. 더 큰 프로그래밍 세계로 들어가기 위해서는 다른 프로그래머들이 어떻게 작업하는지 배워야 한다. 인터넷을 검색하여 새로운 챌린지들을 찾아보자. 검색을 해보면 알겠지만, 문제를 푸는 방법이 여러 가지가 있기 때문에 익숙하지 않은 코드를 보게 된다. 예를 들어, Tkinter에는 많은 프로그래머들이 선호하는 'pack'이라는 메서드가 있다. 이것은 화면을 설계할 때 grid 메서드를 사용할 수 있게 해주지만, 우리가 사용했던 place 메서드로 객체의 위치를 정밀하게 조절할 순 없다. 'pack'을 한번 써보라. 어쩌면 여러분도 좋아하게 될지 모르겠다. 하지만 어떤 기능은 다른 기능과 함께 작동하지는 않기 때문에 주의해야 한다. 만약 여러분이 pack 메서드를 사용하고자 한다면 하나의 프로그램 내에서 place 메서드와 섞어서 사용하지 말자. 파이썬은 두 개의 서로 다른 시스템을 동시에 사용하는 것을 좋아하지 않기 때문에 충돌(crash)이 발생할 것이다.

고급 프로그래밍 기술을 배우는 가장 좋은 방법은 직접 해보는 것이다. 다른 사람의 코드를 살펴보고, 인터넷 커뮤니티에도 참여하자. 커뮤니티에서 이전에 이미 답변을 한 질문을 하는 게 아니라면, 다른 프로그래머들이 많은 도움을 줄 것이다. 코드 중 한 부분에 걸려 해결되지 않고 있다면 포럼에 도움을 요청해 보자. 프로그래머는 대체로 문제를 만나면 해결하고자 하는 마음을 갖고 있다. 그들의 해결 방법에 동의하지 않을 수도 있고 여러분이 찾는 방법이 아닐 수도 있지만, 문제를 바라보는 새로운 안목을 갖게 해줄 것이다. 그뿐만 아니라 여러분이 전에는 생각조차 하지 않았던 방법을 보여줄 수도 있을 것이다.

여러분이 이 책에서 배운 것에 만족하든 혹은 더 나아가 깊이 탐구하고 싶어 하든지 간에 프로그래밍에 대한 여러분의 모험이 즐거웠길 바란다. 이 책이 부디 유용했길 바란다.

파이썬 용어 설명

용어	설명
2D list 2차원 리스트	2차원 리스트를 생성한다. 예를 들어, 다음의 데이터 테이블을 생성한다면 <table><tr><td></td><td>0</td><td>1</td><td>2</td></tr><tr><td>0</td><td>23</td><td>16</td><td>34</td></tr><tr><td>1</td><td>45</td><td>29</td><td>48</td></tr></table> 다음의 코드를 입력한다. `number_list = [[23, 16, 34], [45, 29, 48]]`

addition
더하기 또는 결합
	두 값이 모두 숫자라면 더한다.
	`Total = num1 + num2`
	또는 두 값이 텍스트라면 결합한다('concatention(연결)' 참고).
	`Name = firstname + surname`

and	두 조건 모두 맞아야 true 값을 반환하도록 지정하는 데 사용된다.
	`if num > 10 and num < 20:`
	`    print("In range")`
	`else:`
	`    print("Out of range")`

append	단일 항목을 리스트, 튜플, 딕셔너리, 문자열 또는 배열 끝에 추가한다. `names_list.append("Timothy")`

append to a file
파일에 추가하기
	텍스트 또는 csv 파일을 열고 기존의 내용 끝에 데이터를 추가한다.
	`file = open("Countries.txt", "a")`
	`file.write("France\n")`
	`file.close()`
	'write to a file(파일에 쓰기)', 'write to non-existing file(존재하지 않는 파일에 쓰기)', 'read a file(파일 읽어오기)'도 참고하자.

argument
인자
	함수에 전달되는 값. 다음의 예제에서 UserAns는 인자이며, 그 값은 함수 밖에서 정의된다.
	`def CheckAnswer(UserAns):`
	`    if UserAns == 20:`
	`        print("Correct")`
	`    else:`
	`        print("Wrong")`

array
배열
	파이썬에서 배열은 리스트와 비슷하지만 숫자를 저장하는 데만 사용된다. 사용자가 특정 숫자 타입(정수(integer), 롱(long), 더블(double) 또는 부동소수점(floating-point))으로 배열을 지정한다.
	`nums = array('i', [45, 324, 654, 45, 264])`
	`print(nums)`
	만약 배열에 문자열을 저장해야 한다면 리스트를 사용해야 한다.

blob	입력된 그대로 저장되는 데이터 타입이다. 'SQL'과 'database(데이터베이스)'를 참고하자.

용어	설명

button
버튼
	Tkinter와 함께 GUI에서 사용된다. 다음은 함수 'click'을 실행하는 버튼을 생성하는 코드다.
	
	``python
	button1 = Button(text = "Click here", command = click)
	``
	'Tkinter'를 참고하자.

capitalize	첫 번째 문자를 대문자로 변경하고 나머지 문자는 모두 소문자로 바꾼다.
	
	``python
	print(name.capitalize())
	``

choice	옵션들의 리스트에서 무작위로 선택한다.
	
	``python
	selection = random.choice(['a', 'b', 'c'])
	``

comma-separated values 콤마로 구분된 값	각 행의 값을 콤마로 구분하는 테이블의 일반적인 텍스트 표현이다. 'csv'를 참고하자.

comments
주석
	프로그램이 어떻게 작동하는지 설명하거나 다른 코드 섹션을 테스트하기 위해 특정 코드들을 차단하는 데 사용된다. 주석은 # 기호로 시작한다.
	
	``python
	if salary > 50000: #이것은 주석이다
	    print("Too high")
	#이것은 또 다른 주석이다
	``

compiler 컴파일러	파이썬과 같은 고수준 언어로 작성된 프로그램을 기계어와 같은 저수준 언어로 번역한다.

concatenation
연결
	두 문자열을 결합하여 하나의 문자열을 만든다. 'addition(더하기 또는 결합)'을 참고하자.
	
	``python
	name = firstname + surname
	``

conditional statement
조건문
	조건을 테스트하기 위해 사용되는 구문. 일반적으로 if 문, while 루프와 for 루프 등에 사용된다.
	
	``python
	if guess == num:
	``

count	리스트, 튜플, 딕셔너리, 문자열 또는 배열에 데이터가 나타나는 횟수를 센다.
	
	``python
	print(names_list.count("Sue"))
	``

csv	데이터가 행과 열에 지정되는 스프레드 시트 또는 데이터베이스와 비슷한 파일 타입. 'comma-separated values(콤마로 구분된 값)'를 참고하자.

curly brackets
중괄호
	딕셔너리 안에 값을 정의한다.
	
	``python
	scores = {"Tim":20, "Sue":35, "Bob":29}
	``

database 데이터베이스	구조화된 데이터 집합. 데이터는 테이블에 보관되며, 테이블은 필드와 레코드로 구성된다. 'SQL', '테이블(tables)', '필드(fields)', 그리고 '레코드(records)'를 참고하자.
debugging 디버깅	프로그래밍 에러를 찾아서 제거하는 과정.
decimal point 소수점	'부동소수점 수(floating-point number)'를 참고하자.

def	함수를 정의한다.
	
	``python
	def menu():
	    print("1) Open")
	    print("2) Close")
	    Selection = int(input("Selection: "))
	``

defining a function 함수 정의하기	함수를 생성하여 프로그램의 다른 부분들이 사용할 수 있게 한다. 'def'를 참고하자.

용어	설명
del	리스트에서 항목을 삭제한다. 예를 들어, `del names_list[2]` 'names_list'에서 인덱스 번호 2번의 항목을 삭제한다.
dictionary 딕셔너리	사용자가 정의한 인덱스에 값을 매핑한 리스트의 한 형태다. `scores = {"Tim":20, "Sue":35, "Bob":29}`

division
나눗셈
	하나의 값을 다른 값으로 나눈 결과를 부동소수점 수 형태로 표시한다.
	`>>> 5/2`
	`2.5`

double	-10^{308}에서 10^{308} 사이의 숫자로 소수 자릿수를 허용한다.
drop-down menu 드롭-다운 메뉴	'옵션 메뉴(option menu)'와 'Tkinter'를 참고하자.

elif	이전 조건에 맞지 않은 경우에 새로운 조건을 검사하기 위하여 `if` 문 안에서 사용된다.
	`if num < 10:`
	`    print("Too low")`
	`elif num > 20:`
	`    print("Too high")`
	`else:`
	`    print("In range")`

else	이전 조건들이 모두 맞지 않은 경우에 해야 할 작업을 정의하기 위하여 `if` 문 안에서 사용된다.
	`if num < 10:`
	`    print("Too low")`
	`elif num > 20:`
	`    print("Too high")`
	`else:`
	`    print("In range")`

else...if	'elif'를 참고하자.
entry box 엔트리 박스	사용자가 데이터를 입력할 수 있도록 Tkinter와 함께 GUI로 사용되거나 결과를 표시하기 위해 사용된다. 다음의 코드는 비어 있는 엔트리 박스를 생성한다. `entry_box = Entry(text = 0)` 'Tkinter'를 참고하자.
equal to ~와 같다	두 개의 등호는 값들을 비교하기 위해 사용된다. `if guess == num:`
extend	리스트, 튜플, 딕셔너리, 문자열 또는 배열 끝에 여러 항목을 추가한다. `names_list.extend(more_names)`
field 필드	데이터베이스에서 필드는 테이블에 저장된 이름, 생년월일 또는 전화번호와 같은 단일 데이터다. 'SQL', 'database(데이터베이스)', 'table(테이블)' 그리고 'record(레코드)'를 참고하자.
floating-point number 부동소수점 수	약 -10^{308}에서 10^{308} 사이의 숫자로 소수점 이하 자릿수를 허용한다. 즉, 단일 소수점을 포함하여 최대 38개의 숫자(음수 또는 양수)를 허용한다. `num = float(input("Enter number: "))`

용어	설명
for loop for 루프	지정된 횟수만큼 코드 블록을 반복하는 반복문의 한 종류다. ```python\nfor i in range(1, 5):\n print(i)\n```
forward	turtle을 앞으로 이동시킨다. 만약 팬이 내려가 있는 상태라면 이동할 때 지나간 흔적을 남기므로 화면에 직선을 그리게 된다. ```python\nturtle.forward(50)\n``` 앞의 예제는 turtle을 50만큼 이동하게 된다.
function 함수	프로그램 내에서 실행하기 위해 호출될 수 있는 코드 블록이며 값을 반환할 수 있다. ```python\ndef get_data():\n user_name = input("Enter your name: ")\n user_age = int(input("Enter age: "))\n data_tuple = (user_name, User_age)\n return data_tuple\n\ndef message(user_name, user_age):\n if user_age <= 10:\n print("Hi", user_name)\n else:\n print("Hello", user_name)\n\ndef main():\n user_name, user_age = get_tuple()\n message(user_name, user_age)\n\nmain()\n```
greater than ~보다 크다	어떤 값이 다른 값보다 큰지 확인한다. ```python\nNum1 > num2\n```
greater than or equal to ~보다 크거나 같다	어떤 값이 다른 값보다 크거나 같은지 확인한다. ```python\nNum1 >= num2\n```
GUI	GUI는 그래픽 사용자 인터페이스(Graphical User Interface)의 약자이며, 마우스로 조작할 수 있는 윈도우, 엔트리 박스 그리고 메뉴 등을 사용한다. 'Tkinter'를 참고하자.
hash 해시	'comments(주석)'를 참고하자.
IDLE	통합 학습 및 개발 환경(Integrated Development and Learning Environment)의 약자로, 파이썬의 기본 에디터이자 인터프리터 환경이다.
if statement if 문	조건에 맞는지 검사한다. 조건에 맞다면 이후의 코드를 실행한다. ```python\nif num < 10:\n print("Too low")\n```

용어	설명
| images<br>이미지 | 이미지는 GUI를 사용하여 표현된다. 이미지를 표시하는 데에는 두 가지 방법이 있다. 다음의 코드는 로고 이미지가 표시될 것이며 실행 중에 변경하지 않게 된다.<br><br>```python
logo = PhotoImage(file = "logo.gif")
logoimage = Label(image = logo)
logoimage.place(x = 30, y = 20, width = 200, height = 120)
```<br><br>다음의 코드는 프로그램 실행 중에 이미지를 변경할 수 있게 한다.<br><br>```python
photo = PhotoImage(file = "logo.gif")
logoimage = Label(window, image = photo)
logoimage.image = photo
logoimage.place(x = 200, y = 200, width = 200, height = 120)
```<br><br>'Tkinter'를 참고하자. |
| immutable
불변의 | 변경할 수 없다는 뜻이다. 불변의 데이터는 생성한 뒤에 값을 변경할 수 없다. 다시 말해, 튜플의 데이터는 불변이기 때문에 프로그램이 실행되면 변경할 수 없다. |
| in | 문자열 내에 특정 문자가 있는지 검사하기 위해 사용될 수 있다. 이것은 for 문과 if 문 모두에 유용하다. 다음은 for 문에서의 예제로 문자열의 각 문자를 한 줄씩 출력한다.<br><br>```python
for i in msg:
    print(i)
```<br><br>다음은 문자열 내에 특정 문자가 있는지를 확인하는 예제다.<br><br>```python
msg = input("Enter text: ")
letter = input("Enter letter: ")
if letter in msg:
    print("Thank you")
else:
    print("Not in string")
``` |
| indent<br>들여쓰기 | 파이썬에서 어떤 코드 블록이 다른 구문에 속한다는 것을 나타내기 위해 사용된다. 예를 들어, 다음의 for 루프 아래의 코드들은 루프 내에 속한 것이기 때문에 들여쓰기가 되었다. 들여쓰기가 되지 않은 코드는 루프 밖에 있는 것이다.<br><br>```python
for n in range(0, 10):
    count = n + 1
    print(count)
print("The end")
```<br><br>들여쓰기를 하려면 탭 키를 누르거나 스페이스 바를 사용하면 된다. |
| index | 리스트, 튜플, 딕셔너리 또는 문자열에 있는 값들의 위치를 가리키는 숫자다. 파이썬에서 인덱스는 1이 아닌 0부터 시작하기 때문에 인덱스가 자동으로 생성되는 경우에는 첫 번째 항목의 인덱스 값은 0이다.<br><br>```python
colours = ["red", "blue", "green"]
print(colors.index("blue"))
``` |
| indices
지수 | 별표(*)를 두 번 사용하면 '제곱'을 의미한다. 즉, 4**2는 4^2이다. |
| input | 사용자가 값을 입력할 수 있게 한다. 사용자가 입력한 값은 일반적으로 변수명에 할당한다.<br><br>```python
name = input("Enter name: ")
``` |
| insert | 어떤 항목을 리스트의 특정 위치에 삽입하며 다른 항목을 뒤로 밀어서 해당 위치의 공간을 만든다. 이로 인해 리스트의 항목들의 인덱스 번호는 새로운 위치에 따라 변경된다.<br><br>```python
names_list.insert(1, "Gary")
``` |

용어	설명
int	값을 정수로 정의하기 위해 사용된다. `num = int(input("Enter number: "))`
integer 정수	파이썬 2에서는 -32,768에서 32,767 사이의 정수. 파이썬 3에서는 메모리가 허용하는 만큼의 무제한 정수.
interpret 인터프리트	프로그램을 실행하기 위해 한 번에 코드 한 줄씩 번역하는 것.

islower	문자열이 모두 소문자인지를 검사할 때 사용된다.
	
	`if msg.islower():`
	`    print("This is message is in lowercase"))`

isupper	문자열이 모두 대문자인지를 검사할 때 사용된다.
	
	`if msg.isupper():`
	`    print("This is message is in uppercase"))`

iteration 반복문	for 루프 또는 while 루프처럼 반복되는 코드.
label	이미지에 대한 텍스트를 표시하기 위해 Tkinter에 사용된다. 다음의 코드는 메시지를 화면에 표시하는 레이블을 생성한다. `Label1 = Label(text = "Enter a number:"))` 'Tkinter'를 참고하자.
left	터틀(turtle)을 시계 반대 방향으로 회전시킨다. `turtle.left(120)` 앞의 코드는 터틀을 120도 회전시킬 것이다.
len	변수의 길이를 나타낸다. `print(len(name))`
less than ~보다 작다	어떤 값이 다른 값보다 작은지를 확인한다. `num1 < num2`
less than or equal to ~보다 작거나 같다	어떤 값이 다른 값보다 작거나 같은지를 확인한다. `num1 <= num2`

library
라이브러리
	특정 기능을 수행하기 위해 사용되는 코드 모음이다. 이것은 파이썬 표준 코드 블록에는 없지만 필요에 따라 가져올 수 있는 코드. 이러한 코드를 가져오려면 프로그램의 시작 부분에 라이브러리를 임포트해야 한다.
	
	`import math`
	`radius = int(input("Enter the radius: "))`
	`r2 = radius**2`
	`area = math.pi * r2`
	`print(area)`

line break
줄 바꿈
	텍스트를 새로운 줄로 이동시킨다.
	
	`print("Hello\nHow are you?")`
	
	결과는 다음과 같다.
	
	`Hello`
	`How are you?`

용어	설명

list
리스트
	다른 프로그래밍 언어의 배열처럼 사용된다. 리스트를 사용하면 데이터들의 그룹을 하나의 변수명에 저장할 수 있게 해주며, 프로그램이 실행되는 동안에 변경할 수도 있게 해준다.
	
	``python
	list = ['a', 'b', 'c']
	for i in list:
	    print(i)
	``

list box
Listbox
	Tkinter와 함께 GUI에서 사용된다. 다음의 코드는 출력에만 사용되는 리스트 박스를 생성한다.
	
	``python
	list_box = Listbox()
	``
	
	'Tkinter'를 참고하자.

logic errors 로직 에러	발견하기 까다로운 에러다. 프로그램이 잘 작동하는 것처럼 보이지만(즉, 에러 메시지가 나타나지 않음), 프로그램 로직이 잘못되어 제대로 작동하지 않는 것이다. 예를 들면, 비교 연산자를 잘못 사용한 경우다.
long	파이썬 2에서는 −2,147,483,648에서 2,147,483,647 사이의 정수. 파이썬 3에서는 메모리가 허용하는 만큼의 무제한 정수.
loop 루프	'for loop(for 루프)'와 'while loop(while 루프)'를 참고하자.

lower	문자열을 소문자로 변경한다.
	
	``python
	name = name.lower()
	``

multiplication
곱하기
	두 값을 곱한다.
	
	``python
	>>> 3*4
	12
	``

nested
중첩
	다른 시퀀스 내에 들어 있는 시퀀스. 예를 들어, for 루프는 if 문 내에 있을 수 있으며, 이 것을 for 루프가 if 문 안에 중첩되었다고 한다.
	
	``python
	if num < 20:
	    for i in range(1, num):
	        print(i)
	else:
	    print("Too high")
	``

not equal to
~와 같지 않다
	두 값이 서로 같지 않음을 확인하기 위해 사용된다.
	
	``python
	num1 != num2
	``

not null	SQL 테이블을 생성할 때 새로운 레코드가 생성될 경우에 비어 있는 필드로 남겨 둘 수 없도록 지정할 때 사용한다.
	
	``python
	cursor.execute(""" CREATE TABLE IF NOT EXISTS employees(
	id integer PRIMARY KEY,
	name text NOT NULL,
	dept text NOT NULL,
	salary integer); """)
	``
	
	'SQL', 'database(데이터베이스)', 'table(테이블)', 그리고 'field(필드)'를 참고하자.

용어	설명
option menu OptionMenu	GUI로 드롭-다운 메뉴를 생성한다. ``` selectname = StringVar(window) selectname.set("Select Name") namelist = OptionMenu(window, selectname, "Bob","Sue","Tim") namelist.place(x = 30, y = 250) ``` 'Tkinter'를 참고하자.

or	단 하나의 조건만 충족되어도 된다는 것을 지정하기 위해 사용된다.
	
	``
	if choice == "a" or choice == "b":
	    print("Thank you")
	else:
	    print("Incorrect selection")
	``

output box Message	Tkinter와 함께 GUI에서 사용되며, 결과를 표시하기 위해 사용되는 메시지 박스를 생성한다. ``` output_box = Message(text = 0) ``` 'Tkinter'를 참고하자.
passing variables 변수 전달하기	함수에서 변수를 생성하거나 변경하고 프로그램의 다른 부분에서 사용될 수 있도록 한다. 'function(함수)'을 참고하자.
pendown	터틀이 움직일 때 흔적이 남도록 페이지 위에 펜을 내려 놓는다. 디폴트로, 펜은 내려져 있다. ``` turtle.pendown() ```
penup	터틀이 움직일 때 흔적이 남지 않도록 페이지 위로 펜을 올린다. ``` turtle.penup() ```
pi	소수점 15자리까지의 파이(π) 값을 제공한다. ``` import math radius = int(input("Enter the radius: ")) r2 = radius**2 area = math.pi*r2 print(area) ```
pop	리스트, 튜플, 딕셔너리, 문자열 또는 배열에서 마지막 항목을 제거한다. ``` name_list.pop() ```
power of 제곱	'indices(지수)'를 참고하자.
primary key 기본키	데이터베이스에서 기본키는 각 레코드에 대한 고유하게 식별하는 필드다. ``` cursor.execute(""" CREATE TABLE IF NOT EXISTS employees(id integer PRIMARY KEY, name text NOT NULL, dept text NOT NULL, salary integer); """) ``` 'SQL', 'database(데이터베이스)', 'table(테이블)', 'record(레코드)' 그리고 'field(필드)'를 참고하자.
print	괄호 안의 내용을 화면에 표시한다. ``` print("Hello", name) ```

용어	설명
prompt 프롬프트	파이썬 쉘에 >>>로 표시되며, 쉘에 바로 입력할 수 있게 해준다.
query 쿼리	다음은 데이터베이스에서 데이터를 추출하기 위해 사용되는 쿼리다. ```\ncursor.execute("""SELECT employees.id, employees.name, dept.manger\nFROM employees, dept WHERE employees.dept=dept.dept\nAND employees.dept='Sales'""")\n\nfor x in cursor.fetchall():\n print(x)\n``` 'SQL', 'database(데이터베이스)', 'table(테이블)', 그리고 'field(필드)'를 참고하자.
quote mark 인용 부호	'speech mark(큰따옴표)'를 참고하자.
randint	임의의 숫자를 생성한다. ```\nnum = random.randint(1, 10)\n```
random	0과 1 사이의 임의의 부동소수점 수를 생성한다. ```\nnum = random.random()\n```
random library random 라이브러리	파이썬에서 random 라이브러리를 사용하려면 프로그램의 시작 부분을 'import random'이라고 해야 한다. 'randint', 'choice', 'random' 그리고 'randrange'를 참고하자. ```\nimport random\nnum = random.randint(1, 10)\ncorrect = False\nwhile correct == False:\n guess = int(input("Enter a number: "))\n if guess == num:\n correct = True\n elif guess > num:\n print("Too high")\n else:\n print("Too low")\n```
randrange	숫자들의 범위 안에서 한 숫자를 뽑는다. 취할 수 있는 숫자 범위에 대한 증감 값(step)을 지정할 수 있다. 예를 들어, ```\nnum = random.randrange(0, 100, 5)\n``` 이것은 5씩 증가하는 0과 100 사이의 값에서 임의의 숫자를 선택한다. 즉, 선택되는 값은 0, 5, 10, 15, 20 등이 된다.

range	범위의 시작 값과 끝 값을 정의하는 데 사용되며, 증감 값(각 숫자 간의 차이)을 포함할 수 있다. 일반적으로 for 루프에 사용된다.
	
	```\nfor i in range(1, 10, 2):\n print(i)\n```
	다음과 같은 결과를 만든다.
	
	```\n>>>\n1\n3\n5\n7\n9\n```

용어	설명
read a file 파일 읽기	텍스트 파일 또는 csv 파일을 열어 데이터를 읽어 온다. ``` file = open("Countries.txt", "r") print(file.read()) ``` 'write to a file(파일에 쓰기)', 'non-existing file(존재하지 않은 파일에 쓰기)', 'append to a file(파일에 추가하기)'도 참고하자.
real	SQL 데이터베이스에서 사용되는 데이터 타입으로 소수점을 저장할 수 있다. 'floating-point number(부동소수점 수)', 'SQL', 그리고 'database(데이터베이스)'를 참고하자.
record 레코드	데이터베이스에서 레코드는 여러 필드들의 완전한 하나의 세트다. 예를 들어, 한 직원의 데이터 세트는 테이블에서의 단일 행에 저장된다. 'SQL', 'database(데이터베이스)', 'table(테이블)' 그리고 'field(필드)'를 참고하자.

remainder
나머지 연산
	몫 연산을 한 후의 나머지를 구한다.
	
	``
	>>> 5%2
	1
	``

remove	리스트에서 항목을 삭제한다. 이것은 삭제하고자 하는 항목의 인덱스를 모를 경우에 유용하다. 만약 해당 데이터를 가진 인스턴스가 하나 이상 존재한다면, 그들 중 첫 번째 데이터만 삭제된다. ``` names_list.remove("Tom") ```
reverse	리스트, 딕셔너리, 문자열 또는 배열의 순서를 역으로 한다. ``` names_list.reverse() ```
right	터틀을 시계 방향으로 회전시킨다. ``` turtle.right(90) ``` 앞의 예제는 90도 회전시킬 것이다.
round	변수를 지정된 소수 자릿수로 반올림한다. ``` newnum = round(num, 2) ```

round brackets
소괄호
	괄호 안의 값들을 튜플로 정의한다. 'tuple(튜플)'을 참고하자.
	
	``
	tuple = ('a', 'b', 'c')
	for i in tuple:
	    print(i)
	``

run time error
런타임 에러
	이런 오류는 프로그램을 실행하려고 할 때만 발생한다. 예를 들어, 정수를 기대하는 변수에 문자열을 저장하려고 하면 작동하지 않게 된다. 런타임 에러는 프로그램을 중단시키며 다음과 같은 에러 메시지를 표시한다.
	
	``
	Traceback (most recent call last):
	  File "/Users/peter/Desktop/Book_Python/Code/sample.py", line 3, in <module>
	    total = num + 100
	TypeError: can only concatenate str (not "int") to str
	``

running a program 프로그램 실행하기	Run 메뉴의 Run Module 옵션을 선택하거나 F5 키를 사용한다. 프로그램은 실행되기 전에 저장되어야 한다.
shell 쉘	파이썬을 실행할 때 표시되는 첫 번째 화면.

용어	설명
sort	리스트를 알파벳순으로 정렬하고 새로운 정렬 방식으로 리스트를 저장한다. 만약 서로 다른 데이터 타입(예를 들어, 문자열과 숫자)의 항목이 리스트에 담겨 있다면, 이것은 작동하지 않을 것이다. `names_list.sort()`
sorted	다음의 코드는 알파벳순으로 정렬된 리스트를 출력한다. 이것은 원본 리스트의 순서를 바꾸는 게 아니다. 원래의 순서는 계속해서 보존된다. 이 역시 만약 서로 다른 데이터 타입(예를 들어, 문자열과 숫자)의 항목이 리스트에 담겨 있다면, 이것은 작동하지 않을 것이다. `print(sorted(names_list))`
space (removal) 공백 제거	'strip'을 참고하자.

speech marks
큰따옴표
	코드 블록을 문자열로 정의하는 데 사용된다. 큰따옴표(") 또는 작은따옴표(') 중 어느 것이든 사용해도 괜찮지만, 문자열을 시작할 때 사용한 기호와 끝날 때 사용한 기호는 서로 일치해야 한다.
	`print("This is a string")`
	큰따옴표 세 개를 사용하면 줄 바꿈과 같은 서식을 유지할 수 있다.
	`address = """123 Long Lane`
	`Oldtown`
	`AB1 23CD"""`
	`print(address)`

SQL	데이터베이스와 통신하기 위해 사용되는 표준 질의어(Structured Query Language)의 약자다. 여러 테이블이 서로 연결되어 있는 데이터베이스를 관계형 데이터베이스(relation database)라고 한다. 테이블은 식별자, 이름, 주소 등과 같은 데이터를 가진 필드로 구성된다. 테이블의 각 행을 레코드라고 부른다. 'database(데이터베이스)', 'field(필드)', 'record(레코드)', 'table(테이블)' 그리고 'query(쿼리)'를 참고하자.
SQLite	무료로 다운로드할 수 있고, 파이썬과 잘 작동하는 간단한 데이터베이스.

sqrt	어떤 수의 제곱근을 구한다. 이를 위해 프로그램 상단에 math 라이브러리를 임포트해야 한다.
	`import math`
	`num = math.sqrt(100)`
	`print(num)`

square brackets
대괄호
	괄호 안의 값들을 리스트로 정의한다. 'list(리스트)'를 참고하자.
	`list = ['a', 'b', 'c']`
	`for i in list:`
	`    print(i)`

square root 제곱근	'sqrt'를 참고하자.
str	특정 값을 문자열 데이터 타입을 변환한다. 'string(문자열)'을 참고하자. `year = str(year)`
string 문자열	문자, 숫자 그리고 여러 기호들을 포함할 수 있으며, 큰따옴표 또는 작은따옴표로 감싼다. 문자열에 포함된 것이 숫자만 있다고 해도 문자열은 계산에 사용될 수 없다. 하지만 연결을 사용하여 다른 문자열과 결합하여 더 큰 문자열을 만들 수 있다. 'concatenation(연결)'을 참고하자.

용어	설명

strip	문자열의 시작과 끝에 있는 문자를 제거한다.
	
	```text = " This is some text. "```
	```print(text.strip(" "))```

Structured Query Language 표준 질의어	'SQL'을 참고하자.

subtraction
빼기
	한 값에서 다른 값을 뺀다.
	
	```>>> 5-2```
	```3```

syntax error 구문 오류	구문의 순서가 잘못되었거나 타이핑 오류가 있을 경우에 발생하는 프로그래밍 오류다.
table 테이블	데이터를 담는 컨테이너. 데이터베이스는 하나 이상의 테이블을 가지며, 그것들은 서로 연결될 수 있다. 다음은 직원 데이터를 담고 있는 테이블의 예다. 테이블: Employees |	ID	Name	Dept	Salary
---	---	---	---	---
1	1	Bob	Sales	25000
2	2	Sue	IT	28500
3	3	Tim	Sales	25000
4	4	Anne	Admin	18500
5	5	Paul	IT	28500
6	6	Simon	Sales	22000
7	7	Karen	Manufacturing	18500
8	8	Mark	Manufacturing	19000
9	9	George	Manufacturing	18500
10	10	Keith	Manufacturing	15000	 'SQL', 'database(데이터베이스)', 'field(필드)' 그리고 'record(레코드)'를 참고하자.

text file
텍스트 파일
	파이썬으로 가져와서 프로그램이 그 파일에 문자열 객체를 읽고 쓸 수 있도록 하는 파일 객체다.
	
	```file = open("Names.txt", "a")```
	```newname = input("Enter a new name: ")```
	```file.write(newname + "\n")```
	```file.close```
	
	```file = open("Names.txt", "r")```
	```print(file.read())```
	
	'write to a text file(텍스트 파일에 쓰기)', 'read a text file(텍스트 파일 읽기)' 그리고 'append to a text file(텍스트 파일에 추가하기)'를 참고하자.

title	모든 단어의 첫 문자를 대문자로 하고 나머지를 소문자로 변경한다. ```name = name.title()```
Tkinter	Tkinter는 파이썬에서 가장 일반적인 사용되는 GUI 라이브러리다.
to the power of 거듭 제곱	'indiced(지수)'를 참고하자.

용어	설명
trim spaces 공백 자르기	'strip'을 참고하자.
tuple 튜플	리스트의 한 유형이지만 프로그램이 실행 중일 때는 값을 변경할 수 없다. 일반적으로 변경되지 않는 메뉴 옵션에 사용된다. `menu = ('Open', 'Print', 'Close')`

turtle
터틀
	화면에 모양을 그리는 데 사용되는 도구다.
	
	``python
	import turtle
	for i in range(0, 4):
	    turtle.forward(100)
	    turtle.right(90)
	turtle.exitonclick()
	``
	
	'left', 'right', 'penup', 'pendown' 그리고 'pensize'를 참고하자.

upper	문자열을 대문자로 변경한다. `name = name.upper()`
variables 변수	텍스트 또는 숫자 등의 값을 저장한다. 등호(=)는 변수에 값을 할당하는 데 사용된다. `num = 54`

while loop
while 루프
	루프의 한 종류로, 특정 조건에 충족되는 동안에 내부의 코드 블록(들여쓰기된 코드 줄)을 반복하게 된다.
	
	``python
	total = 0
	while total <= 50:
	    num = int(input("Enter a number: "))
	    total = total + num
	    print("The total is...", total)
	``

whole number division
몫 연산
	한 숫자(제수)가 다른 숫자(피제수)에 포함된 횟수를 찾는 프로세스다.
	
	``
	>>> 15//7
	2
	``

window
윈도우
	GUI에서 사용되는 화면이다. 다음의 코드는 윈도우를 생성하고, 타이틀을 추가하고, 윈도우의 크기를 정의한다.
	
	``python
	window = Tk()
	window.title("Add title here")
	window.geometry("450x100")
	``
	
	'Tkinter'를 참고하자.

write to a file
파일에 쓰기
	값을 저장할 새로운 텍스트 파일 또는 csv 파일을 생성한다. 만약 그 파일이 이미 존재한다면 새로운 파일로 덮어써질 것이다.
	
	``python
	file = open("Countries.txt", "w")
	file.write("Italy\n")
	file.write("Germany\n")
	file.write("Spain\n")
	file.close()
	``
	
	'write to non-existing file(존재하지 않는 파일에 쓰기)', 'append to a file(파일에 추가하기)', 'read a file(파일 읽기)'를 참고하자.

용어	설명

write to nonexisting file
존재하지 않는 파일에 쓰기
	새로운 파일을 생성하고 그 파일에 쓴다. 만약 그 파일이 이미 존재한다면 덮어쓰는 게 아니라 프로그램이 충돌하게 되어 종료된다.
	
	``python
	file = open("Countries.txt", "x")
	newrecord = "Tim,43\n"
	file.write(str(newrecord))
	file.close()
	``
	
	'write to a file(파일에 쓰기)', 'append to a file(파일에 추가하기)', 'read a file(파일 읽기)'를 참고하자.